王朝拐点系列

周末秦初大变局

姜越◎编著

辽宁人民出版社

© 姜越 2017

图书在版编目（CIP）数据

周末秦初大变局 / 姜越编著. —沈阳：辽宁人民出版社，2018.1

（"王朝拐点"系列）

ISBN 978-7-205-09193-4

Ⅰ.①周… Ⅱ.①姜… Ⅲ.①中国历史—周代—通俗读物②中国历史—秦代—通俗读物 Ⅳ.①K224.09②K233.09

中国版本图书馆CIP数据核字（2017）第296227号

出版发行：辽宁人民出版社

　　　　地址：沈阳市和平区十一纬路25号　邮编：110003

　　　　电话：024-23284321（邮　购）　024-23284324（发行部）

　　　　传真：024-23284191（发行部）　024-23284304（办公室）

　　　　http://www.lnpph.com.cn

印　　刷：三河市航远印刷有限公司

幅面尺寸：170mm×240mm

印　　张：15.5

字　　数：223千字

出版时间：2018年1月第1版

印刷时间：2018年1月第1次印刷

责任编辑：常　策

封面设计：侯　泰

版式设计：姚　雪

责任校对：解炎武

书　　号：ISBN 978-7-205-09193-4

定　　价：43.80元

前　言

　　大江东去浪淘尽。天地悠悠，谁主沉浮？千古霸业也不过如历史长河中的过眼烟云。然而，那些曾经叱咤风云的风流人物，我们却无法忘怀。他们，正如历史长河中的朵朵浪花，历史的相机已经把他们光辉灿烂的瞬间收藏。几千年风云变幻，沧海桑田，时光老人已经疲惫。但是，中华民族却愈加璀璨夺目，充满着蓬勃的朝气，正是因为那些风流人物在推动着历史的车轮……

　　周末秦初是一个风起云涌、朝代更迭频繁的时期。这期间，经历了西周的灭亡、春秋时期的诸侯争霸、战国七雄争霸，之后秦国迅速崛起，秦王嬴政一展雄才大略，扫灭六国，一统天下。

　　西周，曾经是一个光辉灿烂的朝代：周武王深得民心，灭掉残酷暴虐的商纣王。周成王继位后，不忘先父遗志，也不忘周公的教导。他勤于朝政，把周王朝治理得国富民强。成王死后把王位传给了康王，康王也是励精图治，周王朝有了新发展。然而，当王位传到周昭王时，西周却开始走下坡路。周厉王实行暴政，导致国人暴动。周幽王宠爱褒姒，为博得美人一笑，不惜用烽火戏弄诸侯，从而大失民心，最后致使镐京被打破。镐京被破后，周平王万般无奈迁都洛邑，标志着西周覆灭。

西周覆灭后，就进入了东周时期。东周又分为两段：春秋和战国。春秋时期的周天子已经是名存实亡，各大诸侯势力膨胀；春秋时期又出现了新的现象，各国公室的大权旁落，政权执掌在大夫家族的手中，并且世族集团又不断地发展壮大；齐桓公励精图治，称霸中原；晋文公称霸；秦穆公独霸西戎；楚庄王北上称霸；吴越两国争霸；各国大夫集团的兼并斗争；春秋诸夷的分布及族属渊源；诸夏与诸夷的斗争与融合；华夏民族的形成。至此，华夏民族开始谱写更加壮丽的篇章。

战国社会以"战"字当头，战争的规模及惨烈程度均超过了以往任何时代。就战争的性质来说，也由过去以争夺霸权为主变为纯粹的兼并战争，并最后发展成秦统一六国的战争。先是七雄并立形势的形成。接着，为了富国强兵，各国纷纷进行改革，即所谓"变法"。其中著名的变法有魏国的李悝变法、楚国的吴起变法、齐国的邹忌改革、秦国的商鞅变法、赵国武灵王的胡服骑射。这几个国家都通过变法，逐渐发展壮大起来。到了后来，又出现了合纵与连横的谋略，这都是时代发展的需要。

秦国（非秦帝国）是中国历史上不可或缺的，更是中国历史宝库中一颗耀眼的明珠。秦国崛起的节点有从氏族到建国、春秋时期秦国的兴起和壮大、秦孝公的丰功伟绩、秦惠文王的谋略、秦武王的谋略等。这些都为以后秦始皇统一六国奠定了基础。

秦王嬴政是历史上比较有争议的帝王。纵观嬴政的一生，他的确是一个暴君。但是，从推动历史发展的角度来说，他还是功大于过的。他是一位暴君，但也是对历史功不可没的君王。可人们对他的身世一直以来都是争论不休。他的所作所为和发生在他身上的事情有一些令人不可思议，如吕不韦干政、嫪毐乱政。最后，他又罢黜权相吕不韦，平定了嫪毐之乱。扫清了障碍之后，终于收回权力，实现了他的宏图伟略。

秦始皇统一六国，离不开他的重要辅佐人物——李斯。李斯为秦始皇制定的统一六国的谋略分别有：攻赵谋略、灭韩谋略、灭燕谋略、灭魏谋略、并楚谋略、灭齐谋略。六国被灭，四海统一，大秦帝国终于建立。之后，秦始皇又南平百越，北击匈奴。

　　本书将周末秦初所发生的那些重大事件都做了详细的描述，包括史学家的评论及重要的文献论证。本书语言通俗易懂、故事生动有趣，将历史如电影般地重现在读者面前。以史为鉴，可以明得失。希望你能从本书中得到不一样的收获。

第一章　西周的覆亡

西周曾经是一个泱泱大国。从周武王深得民心开始，周王朝经历了几百年安定祥和的兴盛时期。然而，到了周昭王时期，国势却渐渐开始走下坡路：周昭王只知玩乐、不理朝政；周厉王实施暴政，终于引发了国人暴动；周幽王宠爱褒姒，致使因爱美人却失掉江山；周平王不得已只好迁都洛邑。迁都洛邑标志着西周灭亡，东周开始。

第二章　春秋时期那些事儿

从公元前770年平王迁都到公元前476年为春秋时期。平王迁都标志着西周覆亡，东周开始，东周又分为两段：春秋和战国。春秋时期发生的主要事情有周室衰微与宗法制的解体、各大诸侯势力的膨胀、世族集团的产生及发展壮大、齐桓公首霸、晋文公的称霸、秦穆公独霸西戎、楚庄王北上称霸、吴越争霸、各国大夫集团的兼并斗争、诸夏同诸夷的斗争与融合、华夏民族形成。

第三章 战国时期那些事儿

三家分晋被视为春秋时期和战国时期的分水岭。自此，战国七雄并立形势形成。中国的春秋时期就此结束，战国时期开始。战国七雄并立形势形成之后，各国开始变法图强：魏国李悝变法、楚国吴起变法、齐国邹忌改革、秦国商鞅变法、赵国武灵王胡服骑射。由于战国时期战事酷烈，诸侯各国都注重采用"合纵"与"连横"的谋略，也是这一历史阶段的醒目特点。

第四章 秦国的崛起

赢姓到底是怎么起源的？"秦"的来源在哪里？这些都充满了神秘的色彩。充满神秘色彩的秦国是怎么一步步强大起来的呢？秦国崛起的节点有从氏族到建国、春秋时期秦国的兴起和壮大、秦孝公的丰功伟绩、秦惠文王的谋略、秦武王的谋略。这些都为以后秦统一全国奠定了基础。

第五章 秦王赢政那些事儿

秦王赢政是中国数千年专制时代的第一位君临天下、叱咤风云的皇帝。六国养尊处优的君主嫔妃、王孙公主、皇亲国戚无一不胆战心惊地稽首跪地、俯首称臣。然而，傲视天下的秦始皇内心却是异常脆弱，因为他对身世一直讳莫如深。赢政亲政之后，由于他的身世，以及他身边的权相吕不韦、他母亲的男宠嫪毐，对他独揽大权都有很大的影响。但是，秦王赢政仅仅利用了三年时间，扫除一切障碍，收回权力。从此，开始实现他的雄才大略。

第六章 六王毕 四海一

秦昭襄王时代，秦国虽然一强称霸，但山东六国仍然有力，一旦联合起来，就会胜过秦国。到秦始皇亲政时，秦国的版图大致以太行山山脉、汉水为东西分界，秦国独占西部一半土地，山东六国合占东部一半土地，秦国的胜势已经不可动摇。此时，秦始皇开始重用李斯，李斯为消灭六国、统一天下做出了重要的贡献。

第 一 章

西周的覆亡

　　西周曾经是一个泱泱大国。从周武王深得民心开始，周王朝经历了几百年安定祥和的兴盛时期。然而，到了周昭王时期，国势却渐渐开始走下坡路：周昭王只知玩乐、不理朝政；周厉王实施暴政，终于引发了国人暴动；周幽王宠爱褒姒，致使因爱美人却失掉江山；周平王不得已只好迁都洛邑。迁都洛邑标志着西周灭亡，东周开始。

天子溺水而亡

昭王征楚溺水而亡

　　周昭王，中国周朝第四代王，周康王之子。周昭王头脑简单，整天只知玩乐，不理朝政，在诸侯中的威望早已丧失。

　　昭王在位十几年，碌碌无为，各诸侯根本不把他放在眼里。一天，忽然从鲁国传来消息，说鲁魏公杀死了哥哥鲁幽公，自立为王。这还了得，弟弟谋杀哥哥又夺取了王位。昭王本可以名正言顺地出兵讨伐鲁国，因为鲁国目无天子，又做出如此无理之事。但是昭王生性胆小怕事，思前想后还是不了了之。鲁国的行为在其他诸侯国中也引起了强烈反响，各诸侯也因此认清了昭王，对昭王更是不屑一顾，特别是楚国。

　　楚国的祖先是淮夷的一支，原来居住在淮水下游，是商王朝东南部力量最强大的一个部落。周国后来逐渐强大起来，灭了商朝，但是淮夷不服周武王的统治，与纣王的儿子武庚串通一气，反抗周朝的统治。这时周武王已离开人世，其子周成王年幼，周公辅佐成王代理朝政。周公得知淮夷与武庚串通一气反抗周朝，便亲自率领人马打败了淮夷和武庚。这场叛乱被平息之后，淮夷在周朝强大的军事压力下，向西沿长江发展，后在长江中游一带定居下来，以游牧业为生，发展生产，加强军事训练，这就是楚国的前身。后来，楚国的势力不断扩大，东至群舒，西达群蛮，西南到百濮，东北是邓国。周文王时，周朝很重视与楚国的往来，但是楚国受商朝的影响很深，商朝的政治、经济、文化对楚民族的影响远远胜过周朝，所以楚民族保留了许多商朝的特点。楚国就这样慢慢地发展壮大起来。到了周成王时期，楚国的势力明显增强，周成王为了拉拢楚国，封楚国贵族熊绎为子爵。

楚国的力量一天天壮大，到了周昭王统治时期，楚国已严重威胁着周王朝在汉水以北的大小诸侯，对周王朝也形成了很大的威胁。

而周昭王除了玩乐就是用兵打仗。他对南方连年用兵，激起了民众的憎恨和反抗。特别是楚国，本来力量就十分强大，一看昭王如此，就把贡赋年年减少，对周天子召开的会议要么不去，要么迟到。

对于楚国的不尊敬，周昭王心里十分不平衡。而鲁国等其他诸侯国也纷纷效仿楚国，对周昭王表现出了极大的不尊敬。周昭王非常想找回王者的威风。

根据《竹书纪年》里的记录，周昭王征楚一共三次。

第一次南征是在周昭王十六年。这一次战争很顺利，周昭王姬瑕和他的贵族团率领王军六师，沿汉水东岸南下，楚国附近跟周王朝亲近的诸侯国纷纷加入大军，一路浩浩荡荡渡过汉水，深入荆楚一带。《竹书纪年》里的此次战争只有一句话，"十六年，伐楚，涉汉，遇大兕"。也就是说，大部队渡汉水时遇见了"大兕"（即犀牛）。当时北方人很少看到犀牛，觉得很稀罕，于是特地把这件事记录了下来。

这一战周军大败楚军，俘虏了大量楚兵，得到无数战利品，重新夺回了铜山。周王室很高兴地铸了许多铜鼎铜兵器，连跟随在周王后面的各贵族也分到了许多铜，于是除了用来造兵器、酒杯等必需品外，大家集体都铸了许多鼎来向祖宗报告，向儿孙显摆。

但是时隔不久，等周王朝六师都高兴地班师回朝以后，打了败仗的楚国，收拾好人马，重新整顿军队，又振作起来，开始重新欺负那些周国的跟班国，并截断了扬越铜器的进贡路线。

这就等于说，上一仗，周王朝白打了。

周昭王姬瑕生气了，他决定这次一定要把楚国给打趴下。于是在周昭王十九年，周王朝第二次南征，派祭公辛伯攻楚，而这一次《竹书纪年》上的记录非常不妙："天大日,雉兔皆震,丧六师于汉。"

在一个阴风阵阵的天气里,周军六师进入了楚兵的埋伏地,一时间血光冲天,连山鸡兔子都被吓破了胆,周王朝六师皆丧。这一次失败,对周王朝震动极大。六师皆丧,令周昭王极为愤怒,他咬牙切齿,发誓要亲自出征,把楚国彻底扫平。

但这一次毕竟是六师皆丧,而重新建立一支部队并非一两日的事。所以周王朝足足准备了五年,直到周昭王二十四年才重新组建起了一支军队,浩浩荡荡第三次南征,要一举荡平楚国。

这一次的声势实在太过浩大,周昭王王师所到之处,简直是所向披靡,楚兵一击而溃。据记载,当时东夷南夷二十六邦都来朝见周昭王。而楚国迫于威势,派人前来称罪投降。

很明显,这次周昭王彻底向诸侯显示了周王朝实力的确是无人能比的。但是显然,周昭王并不是为了显摆,他是为了给那被歼灭的六师报仇。所以他并不止步于此,而是继续南进。

昭王率领着一支人马

周昭王像

浩浩荡荡地杀奔楚国,一路上疲劳不堪。越是南行,人烟越稀少,昭王随身携带的粮草所剩无几,士兵便到附近村落抢村民的衣食。本来这里的农业就不发达,村民生活十分艰苦,这样一来,农民更是无法生活了。面对呼天唤地的村民,昭王不理不睬。

昭王一路行,一路抢,终于到了汉水。楚国就在面前,而这时昭王的军队已疲劳至极。昭王命人找来岸边所有的渔夫,让渔夫将大军摆渡过河。渔夫们敢怒不敢言，只好将这支人马费了九牛二虎之力摆渡到河对岸。

昭王顺手抓了几个楚国村民做他们的向导。但是由于昭王时常发动战争，早已失去了民心。那几个村民把昭王的军队带到一片密林中，对昭王说："过了密林，就是楚都了。"昭王信以为真，放了村民，按照村民所指的方向，挥师南进。林中狼虫虎豹时有出没，士兵不时被野兽咬死。昭王硬着头皮在林中走了两天，原以为该走出密林了，可一抬头，众人大吃一惊，他们又绕原路回来了。可是士兵已被野兽咬伤咬死了一半儿。

还未到楚都，人马已损伤了一半儿，于是昭王想放弃攻打楚的目的，返回周朝。可是河边空无一船，浩浩荡荡的汉水川流不息，昭王派人去找，仍是不见船影。

昭王不知道这是楚国使用的计策，便命附近的村民3日内造出50只大船，否则踏平村庄。而3日内造50只大船是根本不可能的。可奇迹出现了，3日后，50只大船果然造好。

周昭王和士兵们纷纷上船，村民费力地摆渡。船渐渐驶向江心时，一个村民一吹口哨，村民们纷纷跳入水中不见了。昭王和士兵们大惊失色。很快，船底呼呼地冒出水来，接着传出"啪啪"的断裂声，大船很快散了架，周昭王和士兵们也一齐落入水中。原来这些船是用树胶粘的，在陆上非常结实牢固，到了水里，经过大水慢慢浸泡，黏性就消失了，船自然就很快散架了。

那些汉水边上的村民水性很好，没费吹灰之力都游上了岸，而周昭王和士兵们没有几个会水的。周昭王在水里边乱扑腾也没有用，连喝了好几口水。就在他渐渐下沉的时候，恰好有一个胳膊长、力气大的侍卫辛游靡会点水性，不顾一切地把昭王捞上来，可这时昭王早已活活被淹死。

昭王没有到达楚都，就大败于楚国。

从此，周王朝再也不敢轻举妄动，并视此事为王朝的耻辱，很少有人再提起。

天子溺水而亡的争议

关于周昭王是怎么溺水而亡的，历来史学家与后人都有许多说法。

一种说法是周王朝的官方记录，也就是《竹书纪年》里说："昭王末年，夜清，五色光贯紫微，其王南巡不返。"很含糊，如果你不看背景材料，你会觉得，楚国太好玩了，于是昭王去了那里玩得太开心，结果乐而忘返了。

这当然是往自己脸上贴金的说法。

另一种是楚国方面的说法，就是周昭王这个人太不仁义了，到处招人嫌，为了看个野鸭子跑到南方来扰民。荒唐失德这种标签通常都是贴在那种死得不好看的君王身上的，凡是死的都是昏君，凡是昏君一定是乱来的，爱吃爱玩爱女色好奇心重，比如商纣王为了妲己造鹿台，隋炀帝为了到扬州看琼花而亡国。于是广大人民愤而反抗暴君，造出一些用树胶黏合的大船，周昭王坐上去就很大快人心地沉了下去。

这种说法最有记录可查的就是楚人屈原在《天问》中写道："昭后成游，南土爰底。厥利惟何，逢彼白雉。"意思是说：昭王这家伙啊，为了看白毛野鸭，跑到我们楚国胡来，掉到河里真活该！

有一点需要明确，屈原是楚国人，这是站在楚国立场讲的话。可是文化人就是厉害，就因为屈原名气太大，所以后来许多人就相信了他的话。于是后来的《帝王世纪》也跟着说："昭王德衰，南征济于汉，船人恶之，以胶舟进。王御船至中流，胶液船解，王及祭公俱没于水中而崩。"

这其实反映了两种说法，一种是昭王扰民论，而另一种是楚国阴谋论。

周王朝到周昭王手里，几代下来基本上顺风顺水，偶有些波折也基本上属于人民内部矛盾。但是楚国却不一样，从一开始是被人打得流窜到荆蛮之地，到后来被迫称臣，自己内部还部族林立不停打仗。

第一次南征，楚国还没从一盘散沙的状态中反应过来，打了败仗，但是很快他们就团结起来，打跑了侵略者。

第二次南征，周王朝中了地形不利的埋伏，六师皆灭。六师是多少人呢？商代时五人为"伍"，五伍为"两"，四两为"卒"，五卒为"旅"，五旅为"师"，所以一个"师"就是两千五百人，六师就相当于一万五千人。而且这一万五千人是王朝的精锐之师，是王军。

我们可以回忆一下，当初商灭周兴的那一场牧野之战，不算那些虚头的临时奴隶，其实真正决战的，也不过是商王朝的两三万人马和周王朝的十几万联合军，周王朝自己的精锐部队，应该也就是三万人左右。

所以这次周王朝的损失相当大，而周昭王不应该在大败以后，满脑子急着复仇，不顾国力再次发动战争。这就如同当年的商纣王伐东夷一样，被套牢了不能斩仓止损，而是满脑子的再加仓加仓，直至最后崩盘。

如果说前两次南征，不管是周昭王还是满朝文武，都多少有点适可而止的心理，那么第三次南征，整个周王朝上下就只剩下一种声音，那就是"复仇"。堂堂大周朝居然中了楚国蛮子的诡计导致"六师皆丧"，这是绝对要复仇的。

而就算楚国内部当初曾经有过投降妥协的声音，当周王朝的大军以复仇姿态压过来的时候，立刻也凝结成铁板一块了。

于是，心怀恨意的"老百姓"献上了足以吸引周昭王坐上去的大船，最终让天子溺水而亡。

当然，对于当时的人们是否能够造出如此高技术含量的船，正好开到江中心就会沉，而不是停在那里就散架了或者能够撑到过了江才散架之类的，大家自然还是有疑问的。

所以还有另一种说法：据说当时周昭王亲率大军南征时，楚国人吓得赶紧来请罪投降。请降自然会带礼物，还得是不轻的，分量十足的礼物——那就是铜山出产的一个天然铜块，重达几百斤，还有一块未雕琢的孔雀石，分量也不轻，足有百八十斤。

于是有了第三种说法，船是被压沉的。

当然，如果把第二种和第三种说法结合起来的话，那么这条船就万无一失地沉定了。

周昭王沉下去的那一片水面，后来被人们称为"天子湖"。

在一片混乱中，周昭王的尸体被捞了上来，然后周军快速撤军并且秘不发丧，只说周昭王着凉了，直到回镐京后才宣布他已经死亡。

两次的"六师皆丧"，尤其是周昭王这种倒霉的死法，使得周王朝从君威到军威都跌得一塌糊涂。

历史在周昭王二十四年画上了一个重重的记号，因为自周昭王溺水而亡之后，周王朝就渐渐走上了下坡路。而楚国打赢了这一仗以后，国民信心增强，短时间内国家不怕战争再发生，大力发展生产，国力日益强大，逐步走上了与周王室分庭抗礼的道路。

厉王的暴政

厉王的"专利"

周厉王历来被认为是中国古代史上继夏桀、殷纣之后的第三个暴君。《逸周书·谥法解》说："杀戮无辜曰厉。"所谓厉，是暴虐狠戾之意。周厉王恶名昭著，以致后代将其认作定论。但如果以历史唯物主义的观点重新审视西周的历史，那么，对周厉王的历史评价仅以"厉"字了之，是不符合历史实际的。《国语·周语》云："厉始革典。"这是说自厉王开始实行政治改革，变更西周旧制，革去文王、武王所定的旧典，实行强化国家政权的新制。厉王革典的内容，根据史书记载，是把山林川泽的采收和开发权收归国家，并剥夺或取消世袭贵族占有山林川泽的部分特权。这种改革，是国家发展过程之中的必然现象。

西周国家形成以后，在土地制度上渐渐破坏了原始部落的公有制，而山林川泽则按照原始社会的习俗留作公共使用。西周初年，周天子又分封了几十个大大小小的诸侯国，对他们"授民授疆土"，赐之山川、土田、附庸。周天子赏赐臣下大量的土地和山川林泽，周王畿内也被分割成大小不等的块田给臣下做采邑。西周王朝实际控制的土地和山林川泽愈来愈少。如前所述，西周晚期，战争频仍，财政匮竭。

周夷王逝世后，他的儿子厉王姬胡即位，西周的崩溃也由此开始。厉王在位三十七年，这一时期，西周王朝长期的矛盾逐渐积累，已到了随时都有可能发生变革的边缘。过去在史书上对厉王的评价一直有些不很公道，说他在面对内忧外患的时候不知发展民生，采取安抚的措施，反而依旧大肆挥霍，为满足个人的奢侈生活和对外战争的需要，对国人的盘剥变本加厉，甚至达到了垄断山泽之利的程度。

那么厉王是否垄断过山泽之利呢？应该是有的。历史上给厉王的罪名中"专利"就是其中一项。"利"指的是天然资源——山上的树、湖中的鱼，更重要的是分散在山川湖泊附近的铜矿石。在世界黄金资源的分布中，中国从来就不是黄金的主产地，先秦时期所说的金多是指黄铜。西周王朝，铜和金等价，是先秦时期重要的货币，也是西周人制作各种工具器皿所不可缺少的材料。在武王克商、殷周交替的时候，农具主要是用木、石、兽骨、蚌壳等制作的。进入西周中后期，社会经济有了显著提高，尽管依然以木器、石器、骨器为主要劳动工具，但已经开始使用铜铲、铜镐、铜锄和青铜斧等铜制工具了。这样一来，去开垦原本不利于开发的山川湖泊就方便多了。到了厉王之时，周王室的对外战争受挫，频于应付那些时常骚扰边境地区的外族，在战争中能够取得的利益十分有限，不能满足王朝内部的消耗。而诸侯和自由民们这时已开始使用更为方便的劳动工具，可以有效地开辟山岳，进行垦荒，种植王田以外的私田。对诸侯和自由民来说，垦种私田显然要比耕种王田更为有利。

私田是大自然赐予每一个人的财富，不在周王室管辖范围之内，不需向周王交税，因此也就直接影响到了周王室的收入。厉王一方面要不断用兵，应付外族的入侵；另一方面又需要大量的资金来维系政府的日常开销，同时还要防范王国内部的割据势力。费用多，而资源少，解决财政问题就成了当务之急。厉王重用荣夷公敛财，垄断山泽之利的目的本是为了加强西周王室的力量，但他所采取的一系列措施没有和诸侯与底层自由民的利益相一致，也没有顺应当时的时代发展，失败也就成为必然。

厉王的做法一开始就被一些有能力的大臣看出了问题。周大夫芮良夫曾经劝谏过厉王。他对厉王说："荣夷公是一个喜欢独占财利，却不懂得大祸将会降临的人。山川湖泽这些财利是天地自然所拥有的，人人有份，不可能一人独占，独占就会引发众怒。荣夷公用财利来引诱您，您的王位还能长久吗？一个有道的明君应该开发各种财物，然后分给上下群臣百姓，使神、人、万物都能得到所应得的一份。即使像这样广施恩泽，君王还需要每日小心警惕，担心会招来怨恨呢。如今，君王您却想独占天地间的财利，这怎么能行呢？普通人独占财利，还要被人称为是强盗；您如果也这样做，那可能就要引起诸侯的叛乱了。所以，重用荣夷公垄断山泽之利的话，周朝恐怕就将败亡了。"历史上总是充满遗憾，厉王三十四年，他未听取芮良夫的劝谏，还是重用了荣夷公。

任用荣夷公后，厉王控制了王畿以内产铜器的山林川泽，不许中小贵族利用，亦不准国人进入森林采樵渔猎，从而引起了广泛的不满，四方诸侯邦国纷纷叛离厉王，不再进贡。厉王面对国人的愤懑情绪采取了高压手段，让卫国的巫师监视那些对他的政策议论批评的人，一旦发现立即报告，将议论者处死。在厉王的铁血高压下，议论的人少了，而看不见的仇恨与愤怒却在一天天增长。

厉王的"专利"政策，增加了王室财力，加强了国家政权，并使国家一度出现了强盛的局面。当时曾对戎狄的进攻发动多次反击。

《敔簋》铭文记载，南淮夷伐周，至于昴、参泉、裕、敏阴、阳洛，厉王命敔追敌于上洛、谷，至于伊、班。

厉王革典，没收大贵族的私产和古老习俗遗留下来的公产，以加强周王朝的财政收入，严重触及了大贵族的经济利益，引起了他们激烈的反对。他们攻击周厉王："曾是强御？曾是掊克？"即怎么这样强横暴虐？怎么这样的聚敛剥削？又说："为民不利，如云不克？民之回，职竞用力。"也就是说，你周厉王假如做了不利于人民（指贵族）的事，那么我们将会尽全力去推翻你。为了保证新典的顺利推行，厉王任用荣夷公、卫巫等人，"以监谤者，以告，则杀之"，以压制社会舆论。厉王和贵族之间的矛盾已经十分尖锐了。

厉王的"专利"政策也引起了下层贵族和平民的反对。这些人不享王室俸禄，而且受周王室和大贵族的剥削，如《诗·小雅·正月》云："民今之无禄，天夭是椓。"他们更为连年的战争所苦，田园荒芜，不得不依靠公有的山林川泽为生，"陟彼北山，言采其杞。"新典断绝了这些人的生路。

防民之口，甚于防川

厉王姬胡是周朝的第十代国王，当政时国力已出现衰象。这时候，外族入侵、诸侯作乱、贡赋减少，王朝的国库空虚。偏偏新登基的周厉王又奢侈荒淫，走上桀、纣的路子，使周王室的财政很快出现了危机。

周厉王为了增加赋税，维持那种花天酒地的生活，该收的税都收了，怎样再立名目设立新税呢？用什么名目来征税呢？他想不出来。这时，手下一个叫荣夷公的大臣给厉王出了一个点子，让他对一些重要物产征收"专利税"。不论是王公大臣还是平民百姓，只要他们采药、砍柴、捕鱼虾、射鸟兽，都必须纳税；甚至喝水、走路也得缴纳钱物。这个办法，遭到老百姓的强烈反对，就连一些比较开明的官吏也觉得很不妥当，很多大臣也纷纷向厉王进忠言。

大夫芮良夫劝告厉王不要实行"专利"。他说："专利，会触犯大多数人的利益，是很伤人心的做法。"

周厉王是个十分聪明和有手段的人，他知道芮良夫说这话，并不代表着他一个人，而是代表着他所在的"卿大夫"这个阶层，他的改革触犯了他们的利益，所以芮良夫代表大家来警告他。

当然，芮良夫除了警告周厉王以外，也同样警告了自己的同事——当时执政的荣夷公。《逸周书·芮良夫篇》说："道王不若，专利作威。佐乱进祸，民将弗堪！"这还是就事论事，而另一段话，就是指着荣夷公鼻子在骂了："今执政小子惟以贪谀事王，不勤德以备难，下民胥怨。财力单竭，手足靡措，弗堪载上，不其乱而？……今尔执政小子不图大善，偷生苟安，爵以贿成，贤知箝口，小人鼓舌。逃害要利，并得厥术，惟日哀哉！"

但他苦口婆心地劝谏也罢，老气横秋地指责也罢，像周厉王、荣夷公这样的人，一来个性十分强悍，二来尝到了甜头不舍得放手，又怎么会听得进别人的意见呢？

于是，召公出来劝谏。这个召公并不是开国时的那个召公姬奭，他是姬奭的后人。因为姬奭原来的封地在"召"，后来封在"燕"，所以他这一系的人，都称"召公"或者"燕召公"。这个召公，史称召穆公，名字叫姬虎。按照规矩，周召二公，在周王朝应该是"世为卿士"，也就是执政官。但是周厉王执政，用荣夷公取代了周召二公执政的位置。

召公是周厉王政策下受到极大损害的原卿大夫阶层的代表。当他看到芮良夫的劝告对周厉王无用时，只好亲自出马。召穆公对周厉王说："民不堪命矣！"意思是你再继续这样下去，将没有人会听从你的话，国就要亡了。

以召公的身份说出这样的话来，是相当重的。但是周厉王却是一个相当强悍的人，在召公以如此强势的态度向他摊牌以后，他非但没有妥协，反而变本加厉地和所有的人对抗到底了。

他祭起的一个法宝叫"压制言论"，就是在全国范围内，监视所有的人，谁要是敢议论周厉王或者当前政策的是非，就立刻被抓起来杀掉。

而且他还开了一个创举，叫作"以告而杀"，让所有的人相互检举、告发，于是诬告、陷害之风四起，全国上下陷于恐怖之中。

周厉王实行"专利"后，百姓的生活更是雪上加霜，一时民怨沸腾，在当时就流传着这样一首歌谣："硕鼠硕鼠，无食我黍。三岁贯女，莫我肯顾。逝将去女，适彼乐土"。意思是说："大老鼠啊大老鼠，不要再吃我的黍（指粮食）。多年来我纵惯着你，而你却对我们毫不照顾。我们发誓要离开你，到那欢乐的乐园去。"百姓们对周厉王的强烈不满情绪溢于言表。

老百姓对周厉王充满了怨恨情绪，都纷纷咒骂他。大臣召公看到形势危急，就劝告周厉王说："王上，百姓们实在受不了了，'专利'法再不废除，难保不发生动乱！"可厉王根本听不进去。他让卫国的巫师去监视老百姓，如果发现有人谈论"专利"，咒骂厉王，就抓来杀头。从此，人们虽然牢骚满腹也只能往肚子里咽，谁也不敢再说出来了。熟人在路上遇到也不敢交谈，只是以目示意。成语"道路以目"即由此而来。整个镐京，顿时变得死气沉沉，毫无生气。

厉王却以为自己的残暴统治产生了效果，沾沾自喜地对召公虎说："你看，还有谁在说什么吗?"召公听了，对厉王说："百姓们的嘴虽被勉强堵住，但使他们的抱怨变成怨气了。正如把水堵住，一旦决口，伤人更多，而应采用疏通河道的治水方法。治民也是这个道理，应该广开言路。如今大王以严刑苛法，堵塞言路，不是很危险吗?"厉王对召公的话置之不理，反而更加残酷地实行残暴的统治。

事实上，这并不是一次对话，而是一次较量和摊牌。两个人代表着左右这个国家的两股不同的力量，就目前而言，似乎是周厉王占了上风。

然而，暂时占上风，并不代表最后的输赢。事实上站在那里的召公并不像周厉王想象中那样垂头丧气，他看着周厉王的眼神很悲悯，就像一个大人看到小孩子要往水里跳而拉不住一样，充满了悲怆和无奈。

因为替周厉王执行"弭谤"任务的，并不是周王朝的任何一个官员，而是一个从周王朝的属国卫国过来的巫师，史称卫巫。

满朝文武虽然人数众多，但除了替他开创财源的荣夷公、替他征战的虢石父等少数官员以外，此刻的周厉王已经无人可用了。

召公对厉王已经绝望，《诗经》里有一首召穆公哀伤周室大坏的诗《荡》："尔德不明，以无陪无卿。"——你无德不明，所以没人辅佐，没有公卿帮助。"匪上帝不时，殷不用旧。"——不是上天不保佑的殷商灭亡，就是你的榜样。

国人暴动与周召共和

国人暴动

奴隶社会有明显的等级制度。诸侯、贵族享有特权，可以为所欲为，是统治阶级。平民和奴隶是被统治阶级，平民虽然有人身自由，但是仍要服兵役，交贡赋，生活十分艰难；而奴隶连人身自由都没有。西周时有国、野之分。国指国都，野指广大农村。贵族和平民住在国都及其近郊，称国人；而在广大农村除了奴隶主之外，就是被统治阶级，大部分奴隶住在农村，称为野人或者"鄙人"。

周厉王的一系列暴政引起了人民的强烈不满。周厉王知道国人对他不满，便派卫巫去调查，如发现诽谤或议论时政的人严惩不贷。

卫巫在各地安排了众多耳目，混到老百姓中侦探，一听见议论朝政，对朝政表示不满的，立即派人绑起来处死。起初百姓不知怎么回事，议论朝政，后来发现被处死的人数不胜数，便明白有人在监视，就尽量足不出户，偶尔在街上遇到熟人，也不敢说话，只能以目示意，便匆匆离开。

卫巫及时向厉王汇报了情况，说百姓已被制服。周厉王一听十分高兴，奖赏了卫巫，卫巫更得意忘形了，对百姓的监视更加严厉。

百姓们终于忍受不了了。正像周召公所说："防民之口，甚于防川，水壅而溃，伤人必多，民亦如之。"公元前841年国人发动了大暴动。国人如急风暴雨，愤怒地涌向王宫，很快由几十人发展到几万人。参加暴动的有国人，还有被称为"正人""师氏人"的低级贵族与武人，后来许多奴隶主也积极响应。这些人围住王宫，袭击厉王。周厉王吓得魂飞魄散，慌忙命荣夷公调遣王师镇压国人，可没想到王师也参加了暴动的队伍。周厉王见事不好，慌忙从后门逃跑，奔于彘（今山西省霍县）。

国人不知周厉王已逃跑，在王宫打着、砸着、杀着，四处寻找周厉王，非要亲手杀了周厉王。国人找不到厉王，就找太子。后来国人知道是召公召伯虎把太子静藏在召公家躲了起来，就立即涌向了召府，让召公交出太子静，否则就攻打进去，杀死太子靖。召公一看，外面被国人围了个里三层、外三层，风雨不透、水泄不通。跑是不可能的，不交出太子靖，召府肯定保不住了，但若交出太子，周王朝的血脉便要中断。万般无奈，召公含着泪把自己的儿子交了出去，国人不知，失去理智的国人便将召公的儿子杀死，召公泪如泉涌。回到召府，看着啼哭不止的太子，召公心里默默地说："厉王不听臣相劝，终招致今天的大祸。"国人一看厉王已逃走，又处死了太子，达到了目的，便自动解散而走。

14年后，周厉王在彘地染病而亡。

"国人暴动"动摇了西周王朝的统治，直接导致了周王室日趋衰微，逐步出现了分崩离析的局面。尽管有短暂的宣王中兴，但周宣王之后，周幽王烽火戏诸侯，西周最终被犬戎所灭。

☯ 周召共和

一、周召共和的大致情况

国不可一日无君，周厉王由于害怕国人再次暴动，不敢回都。

大臣们一致推举召公和另一位大臣代理朝政。由于召公为保太子挺身而出，而且德高望重，周厉王时就不断地进谏，所以由召公代理朝政，臣子们没有不服的。历史上称这段时期为"共和行政"。

国人暴动的第二天，卫国的国君卫武公就带着军队开到镐京。这卫武公，叫共伯和。共伯和率军到镐京是前来平叛，可是起义群众在他来到王都之前，已经散去。于是共伯和就率领部队，进到了王宫里驻扎。

厉王在逃不敢回国都，太子虽在国都，但年龄太小，不能主事。他是召公用儿子换下来的，现在暴动刚平，还不到说出真相的时候。于是召公虎提出，国事暂由共伯和代理，其他大臣全都赞成。共伯和虽然是代理，实际上却在执政、问事上同天子一样，所以这一年被称作共和元年（前841年）。

共伯和执政以后，采纳了召公虎的建议，废除了厉王时的"专利"法，减少了名目繁多的赋税，人民得以安生，社会又趋于稳定。

史书上把共伯和执政的时期，称为共和时期。转眼14年过去了，周厉王死了，太子靖也已经在召公虎家里长大成人了。召公虎觉得时机已经成熟，于是上朝去对共伯和及众大臣讲了真相，周朝大臣见太子还活着，结果大家一致同意让太子继位。共伯和知道自己不是周室正宗，若争下去难以服众，不如做个顺水人情，就亲自到召公虎家把太子靖接进王宫，举行了隆重的登基仪式。他回到原来的封地，当他的诸侯王去了。新即位的天子，就是周宣王。这一年是公元前828年，也就是共和十四年。

宣王登位初期，国家的情况残破不堪，周边的民族一再侵袭，社会仍动荡不安。宣王为能复兴西周，修明政事，师法文王、武王、成王、康王的遗风。经过宣王的苦心经营，公元前 816 年，鲁武公亲自到周室朝拜天子，从此诸侯又重新尊奉周王室了。

宣王在位 46 年，他在政治和军事上都取得了一些成就，使西周有了中兴的气象。但面对病入膏肓的西周王朝，宣王只能算是一个能够治标的良医，而不是一个有起死回生之术的神医。宣王对严允、西戎、徐戎、荆楚进行的一系列战争中有胜有败，胜无疑可以增强王朝的活力，而失败则必然给刚刚复兴的王朝带来不利的消耗。所以宣王末年，西周的国力因征讨而受损。公元前 789 年，宣王在西周王畿地区被姜戎打得大败，晚年在南方江、淮一带用兵也以失败而告终。为了满足战争与社会建设的需要，宣王还一再征兵征徭，使得农奴大量逃跑，有些农村则变成了鹿场。

宣王虽勤于朝政，但由于积弊已久，已无力挽回历史了，周朝日益衰落。

二、史学家的争议

关于"周召共和"，史学家是颇有争议的。

厉王出奔后，由共伯和执政，此年是公元前 841 年，史称"共和行政"。从这年以后，我国历史上有了不间断的确切的正式纪年。从厉王出奔到宣王即位，中间经过了 14 年。《史记·周本纪》说："召公、周公二相行政，号曰共和。"这可能是司马迁对"共和"的误解。许多先秦古籍，包括先秦诸子的记载都认为共和是指共伯和。《竹书纪年》记载：周厉王十三年，"王在彘，共伯和摄行天子事。"二十六年，"大旱，王陟于彘。……周定公、召穆公立太子靖为王。共伯和归其国，遂大雨。……和有至德，尊之不喜，废之不怒，逍遥得志于共山之首。"《史记·周本纪》正义引《鲁连子》云："卫州共城县本周共伯之国也。共伯名和，好行仁义，诸侯贤之。周厉王无道，国人作难，王奔于彘。诸侯举和以行天子事。号曰'共和'元年。十四年，厉王死于彘，共伯和使诸侯奉王子静为宣王，而共伯和复归国于卫也。"《左传·昭公二十六年》云："至于厉王，王心戾虐，万民弗忍，居王于彘。诸侯释位，以间王政。"《吕氏春秋·开春论》云："共伯和修其行，好贤仁，而海内皆以为来稽矣。周厉之难，天子旷绝，而天下皆来谓矣。"《庄子·让王》云："许由娱乎颍阳，共伯得乎共首。"

由此可见，厉王奔彘后，历史上有两种说法：一为周、召二公联合行政，号曰"共和"；二则以为共伯和执政。

千金一笑失江山

褒姒出身之谜

公元前 782 年，宣王逝世，周幽王即位，关中地区发生地震，山崩河枯，自然灾害严重，加之外有少数民族入侵，内有诸侯方国割据，西周王朝摇摇欲坠。面对存亡之秋，周幽王不仅不恤灾民，反而宠幸褒姒，在生活上更加奢侈腐化，终于在公元前 770 年被犬戎攻破镐京，国破身亡。

西周王朝经历了近三个世纪的风雨，最终断送在了周幽王姬宫湦的手上。公元前 780 年，也就是周幽王即位后的第二年，周地发生了一次巨大的震灾，泾水、渭水、洛水三条河流都曾因此枯竭，岐山的一些山脉也被震塌，西周从这一刻踏入了灭亡的门槛。

对于这场空前的大天灾，当时西周的太史伯阳甫曾说："天地间的阴阳之气都是有秩序的，三川地区会发生地震，是因为阳气离开了它原来的位置而被阴气压在了下面。阳气处在阴气的下面，水源就必定因受到阻塞而干涸。没有了水，土地得不到滋润，长不出庄稼，国人吃什么，靠什么生存？国人如果到了财用匮乏的地步，国家也就快灭亡啦！从前，伊水、洛水干涸，夏朝就灭亡了；黄河枯竭，商朝就灭亡了。现在岐山崩塌，三川枯竭，我大周的气数也和当年夏商两代末年一样了，恐怕不出十年，上天就会抛弃我们了。"伯阳甫的话也许是后人演绎的，同时也充满了迷信思想，但细细品味，会发现其中蕴涵着许多朴素的道理。西周时代的农作物以黍稷为主。黍稷虽比麦类耐旱，但没有水依然无法生长。周幽王时期的这次大地震使地层发生了变动，地下水资源必受到了极大的破坏，再赶上降雨量不足的年景，便造成了水源枯竭，导致旱灾，妨碍了农业生产。周人极为畏惧天灾，认为天灾是上天对下民的惩罚。所以天灾在心理上给周人造成的打击，往往要比实际的经济损失更为沉重。周幽王时期，除天灾人祸之外，旧的社会秩序也正在逐渐改变。王室内国库空虚，上层诸侯大夫们虽身份尊贵，可生活处境往往还不及一些地方的小诸侯或下级小官。这些复杂的社会问题综合到一起，就促成西周镐京在被犬戎攻破后，即使新君立位，也无法收拾残局的境况。

古人对待亡国问题多不从社会经济方面寻找原因，总是将所有问题都归结成帝王的昏庸与红颜祸水这些人为因素。就如同夏有妹喜、商有妲己一样，西周末年的"妖女"是褒姒。

褒姒有多美，不得而知，在《史记》中她的出身就已经具有了魔幻色彩。这种"殊荣"，妹喜也好，苏妲己也好，都未曾享有。在史家的魔笔下，褒姒的出身直接追溯到了夏王朝末年。传说在夏后氏衰落的时候，一天有两条神龙突然降落到了夏帝的宫廷上，至于是夏朝的哪一位帝王的宫廷，《史记》中没有说，倒是在冯梦龙的《东周列国志》中被敷衍为夏桀。两条神龙对夏帝说："我们是褒国的两位先君。"夏帝望着两条神龙，感到十分的惶恐。他找来巫师进行占卜，想让上天给他以启示，告诉他是应该杀掉它们，还是赶跑它们，抑或是留住它们，占卜的结果却都不吉利。经过一番思考后，夏帝又请求巫师占卜，要是将两条神龙的唾液藏起来，会怎么样呢？这次的结果是吉利的。于是夏帝摆设出币帛祭物，书写简册，向两条神龙祷告。风云变化之后，神龙不见了，只留下了它们的唾液。

夏帝拿来木匣把神龙的唾液收藏了起来。光阴荏苒，木匣一直被封存着，经历了夏朝的兴亡，看到了殷商的盛衰，最后传到了周朝。在西周最初也一直被封存着，武王伐纣、周公秉政、成康盛世、昭王南征、穆王西游，又历共王、懿王、孝王、夷王，从来没有人敢把木匣打开，窥伺其中的奥秘。

但木匣终究还是被人打开了，那是在周厉王末年。厉王不明白，为什么这一千多年里，竟然会有人被一个遥远时期的诅咒所束缚。在好奇心的驱使下，他揭开了"魔匣"。神龙的唾液立即从木匣中飞出，在殿堂上横流，怎么也清扫不掉。周厉王听从巫师的建议，令宫女赤身裸体向着唾液大声祷告。不想唾液忽地变成了一只黑色的大蜥蜴，爬进了厉王的后宫。厉王立即派人四处寻找，却怎么也找不到。原来后宫中有一个才六七岁、刚刚换牙的小宫女，这天也该她应劫，恰巧碰上了这只大蜥蜴。也许是孩子年少不懂事，看见了这从未见过的"怪物"也不害怕，瞪着小杏核眼好奇地看着蜥蜴。蜥蜴也注

周幽王

视了小宫女许久。这时四周传来了宫人的脚步声，蜥蜴迅速地爬到了小宫女的脚下，一道白光闪过，消失在了虚空中。小宫女当时也没有在意，不想成年以后，竟然未有男女之事就怀孕并生产了。作为一个宫女，这在宫中可是既令人感到羞耻，又会掉脑袋的事情。她又害怕、

又恐惧，就把那孩子抱出宫廷扔掉了。

小宫女扔掉骨肉的时候正是周宣王统治的中后期。这时候有一首童谣："山桑弓，箕木袋，灭亡周国的祸害。"一天，周宣王在返回镐京的路上听到了这首童谣，说来也是凑巧，正好有一对夫妻在路边卖山桑弓和箕木制的箭袋。宣王看到后十分恐惧，就叫侍卫去抓捕这对夫妻，要把他们杀掉。夫妇二人见情况不对，慌忙中逃入了大路边的树林。也许一切都是冥冥中的安排，夫妻两人为躲避周宣王的追兵，昼伏夜行，慌不择路。在密林中也不知道过了多久，在一个月色朦胧的晚上，一声声女婴的啼哭声打破了夜的寂静，惊飞了林中的鸟群，触动了两个可怜人的心。他们通过声音发现了被小宫女遗弃的婴孩，也许是因为同病相怜，两个善良的人收留了女婴。

夫妻两人怀里抱着女婴几经辗转，最后逃到了褒国。在褒国，夫妻两人含辛茹苦，生活虽然艰难，但日子还是一天天地熬过去了，女婴长成女孩，长成了如花似玉、倾国倾城的美女。但战争打破了他们平静的生活。

当时周幽王荒淫无道，派人四处搜取美女。西周褒国的封侯大臣褒珦出面进行劝谏，结果得罪了周幽王。周幽王兴师问罪，在强大的武力面前，褒国人屈服了，褒珦被逮捕下狱。褒珦在监狱里被关了三年，褒国的人一直在想办法营救他。经过仔细揣摩周幽王的心思，褒国人决定投其所好，向幽王进献美女赎罪，以换取褒珦的自由。经过一番搜寻，女孩被选中了。褒国人把她训练好了，打扮起来，把她当作褒国人，起名为褒姒。

褒姒一笑镐京破

一、烽火戏诸侯

褒姒被送到镐京后，立即就得到了周幽王的宠幸。褒姒确实是太美了，她的美掩去了王宫内所有佳丽的光彩。周幽王在见到她的那一刻起，就被她静默脱俗的气质迷住了。也许是有着悲惨的身世，也许是因为对周幽王的厌恶，也许是因为天性的孤僻，褒姒在进入宫廷后一次也没有笑过。周幽王确实从心里喜爱着褒姒，他日日夜夜陪着她，在梦里也期待能看到那花容绽放。

为博得红颜一笑，周幽王传诏卜去："无论是什么人，只要能让王妃一笑，立即赏金一千。"诏书一下，贪财好利之徒接踵而至，他们说笑话，装鬼脸，演滑稽戏，非但没有让褒姒一笑，反而让她觉得这些人恶心丑陋。这时喜欢投机的大夫虢石父给周幽王出了个主意，他说："先王为防备犬戎东下，曾在骊山一带造了20多座烽火台，每隔几里地就是一座。西戎一旦攻来，戍边士兵只要点起骊山上的烽火，下一座烽火台上的守兵望见也会将烽火点燃，这样一座接着一座，很快就能让附近的诸侯看到警报，立即发兵来救。现在，天下太平，骊山上的烽火早就没用了。大王为什么不和王妃到骊山去玩儿几天呢？到了晚上，我王把烽火点燃，火光映红天地，四方诸侯一见，一定会赶来，这样做既能让王妃一笑，还可以考验诸侯们的忠心，这不是两全其美的好事吗？"

昏庸的周幽王听后，马上就同意了，他却不知道，取得天下首先就要以信义为先。经过一番准备后，周幽王带着褒姒到达了骊山。大夫郑伯友听说后，进行劝阻，被幽王驳了回去。当天夜里，烽火狼烟散向九州，诸侯看见了烽火，果然从四面八方赶来，结果看不见犬戎的铁骑，却听见了城头上的乐曲声与女人的笑声——望着诸侯与将士们迷茫不解的眼神，兵戈交错、战马嘶鸣的混乱场景，褒姒终于笑了——她笑去了天子的威信，笑去了西周先王苦心建立起的牢固防线，为西周的灭亡埋下了伏笔。

二、镐京破，西周亡

周幽王烽火戏诸侯后，四方诸侯愤然回师，西周天子的信誉从此扫地，王室与诸侯之间的关系也变得更加疏远了。而因宠幸褒姒，周幽王更不惜废长立幼，破坏了西周长子即位的宗法制度，终酿成了身死国破的祸端。

这件事情要从褒姒初入宫廷时说起。古往今来，后宫争宠是司空见惯的事情，王后与帝王的新宠发生激烈的冲突也是家常便饭。褒姒进入宫廷不久，就和周幽王的王后——申后发生了激烈的冲突。在这一较量中，褒姒既是胜利者，更是凄惨的受害者。用一句话来概括，就是自己酿的苦酒自己喝。

那时，初得褒姒的周幽王，沉迷于她的美貌，终日与佳人在琼台缠绵，将正室申后早忘到了脑后，三个月里没有踏进王后宫中一步。申后马上就感到有些不对，叫亲信们一打听，才明白了事情的因果，一时醋劲大发，竟带着宫女们直闯琼台，想要处置褒姒。这来势汹汹的举动，险些要了褒姒的命。好在周幽王一直在褒姒身边保护，替褒姒解了围，才让这位不明宫中险恶的妙龄少妇化险为夷。褒姒与申后的斗争也由此开始。

从身份上说，褒姒初入宫时只是一个没有身份的宫女，更没有好的家世。她虽然是被褒国进献给幽王的，可毕竟和褒国人没有任何血缘关系，真要是有个什么危难，别说褒国只是一个小小的诸侯封国，起不了什么作用，就算是实力雄厚的封疆大吏，也不会管她的闲事。而申后就不同了，一来地位尊贵，以王后的身份母仪天下，更是朝中重臣申侯的爱女，可说是一位既有根基，又有势力的人。褒姒能在这场斗争中暂时获胜，完全是因为有周幽王宠爱的缘故。

申后从琼台回到寝宫后，恰巧太子宜臼来探望母后。宜臼一看母亲的脸色就知道不对，问明原因，心里也十分不高兴。和申后商量了一下，决定给申后出气。第二天，宜臼带着一群宫女，趁周幽王早朝的时候跑到了琼台去闹事。一到琼台，宜臼就叫宫女们不问情由，乱摘花朵。琼台里伺候褒姒的宫女当然要出来阻拦，双方一时间摘花的摘花，阻挡的阻挡，吵吵嚷嚷，闹个不停。褒姒不明白究竟，自然从宫中走出来亲自看看。一直在旁边等待的宜臼怎么能放过机会，一看褒姒出来了，二话不说，上去抓住她的长发就是几拳。褒姒宫中的宫女们认出是太子，不敢上前，都一齐跪下磕头，大声喊着："殿下饶了娘娘吧！大王回来会不高兴的！"宜臼也怕把事情闹大，又打了褒姒几拳，骂了几句，带着一群人，趾高气扬地走了。宜臼很快就为自己幼稚的做法付出了代价。幽王回到琼台后，听了褒姒的哭诉，立即下令将宜臼送往了申国。大约一年后，褒姒生下了自己的儿子伯服。在褒姒的挑动下，幽王废掉了申后和太子宜臼，改立褒姒为王后，伯服为太子。就这样，经过一番后宫角逐后，褒姒暂时取得了胜利。

上面的这段记述在《周朝秘史》与《东周列国》中都有类似的情节，多半是来自文人的艺术加工，未必是史实。不过褒姒与申后的冲突确实是真实的。《史记》记载："三年，幽王嬖爱褒姒。褒姒生子伯服，幽王欲废太子。太子母申侯女，而为后。后幽王得褒姒，爱之，欲废申后，并去太子宜臼，以伯服为太子。"由此可见，一场后宫争斗是确实存在的。

周幽王废除申后与太子宜臼的做法立即引起了诸侯的普遍不满。公元前 771 年，宜臼的母家申侯联合缯侯和犬戎兵力一起杀向镐京。申侯联军的攻击令幽王措手不及，他派人到骊山上点起了烽火。这一次，王畿附近的诸侯一个也没有来。幽王及太子伯服都在骊山脚下被杀，褒姒则被犬戎当作战利品掳回帐中供首领取乐。申侯与犬戎联合的初衷只是打算纠正幽王的错误，没想到却引狼入室，不仅幽王被杀，犬戎更赖在镐京城里大肆抢劫，不愿离开。无可奈何中，申侯只好暗自派人联络了晋侯姬仇、卫侯姬和、秦君嬴开和郑伯友的儿子掘突，这样才击败了犬戎。据说犬戎败逃时未能来得及把褒姒带走。褒姒深感羞愧，上吊结束了她充满是非的一生。

镐京被犬戎攻破，标志着西周的灭亡。

平王迁都

迁都洛邑，依附诸侯

西周中期以后，西北戎狄诸族在周王朝实力急剧削弱的情况下逐渐兴盛起来。到了西周后期，人们所熟知的那个上演过"烽火戏诸侯"闹剧的周幽王大失民心，犬戎来袭时因无人救助而身亡。他的儿子周平王登上王位后，仍不能与犬戎抗衡，被迫于公元前770年迁都洛邑(今河南洛阳)。

势力足以对周王室构成强大威胁的犬戎在各诸侯离开之后又不断进攻镐京。深知已无力抵抗犬戎的周平王见镐京被破坏严重，吸取了父亲周幽王被杀的教训，决定将都城迁往洛邑。

得知平王此意后，众臣哗然。反对的大臣认为，旧都镐京前有天然的防御工事——崤山、函谷关，易守难攻；后有土地肥沃的关中平原，物产丰沛。而洛邑虽然地处天下的中心位置，但容易遭受四面夹击，实不为国都的上佳之选，迁都一事确有不妥。

虽然反对之声不绝于耳，但周平王心意已决。公元前770年，平王迁都洛邑，这就是历史上著名的"平王东迁"。

东周的前一阶段，即春秋时期由此开始。

"周之东迁，晋郑是依。"历经幽王之乱后的周王室，如果仅靠自身实力，是无论如何也无法完成东迁的。这项浩浩荡荡的工程的顺利进行，是建立在很多诸侯国的支持之上的，而其中功劳最大的当数晋、郑两国。它们在迁都过程中，鼎力支持平王，立下了汗马功劳，这也为春秋时期晋、郑两国争霸中原打下了坚实的基础。

在洛邑建都之初，由于旧都丰、镐两地的许多百姓并没有随之东迁，因而周王室只能依仗晋、郑等诸侯国的力量艰难地维持着。平王为了感谢在东迁中出力颇大的秦、晋、郑等诸侯国，不断封疆赐地，将岐山一带的土地送给了秦伯，又将河西一带的土地赠给了晋文侯。各诸侯国的领土范围越来越大。

周王室此刻不得不依附于这些日益强盛的诸侯国，受其掌控，痛失"天下宗主"的地位。

至此，王权衰微，周王室仅剩"共主"的虚名，各诸侯国不再听从王室的号令。大势已去的周王室此刻的实际地位就如同那些小国一般，只能依附于日益强盛的诸侯国，向他们"求金""求车"，王室的尊严早已荡然无存。

东迁后的局势

习惯上，东周分为春秋和战国两个时期。"春秋"一词来源于鲁国的编年史《春秋》。其实周王朝和诸侯各国都曾写《春秋》记史，可惜现今只流传下了经过孔子修订的鲁《春秋》，其内容简要地记载了周王朝、鲁国及其他各国的事件。鲁《春秋》记载了从鲁隐公元年到鲁哀公十四年这242年间的历史，这与公元前770年平王东迁到公元前476年周敬王四十四年这一段历史时期大致相当，所以后人就习惯于用"春秋"一词来指称这段

西周铜甬编钟

历史。

进入春秋时期，平王东迁洛邑，丧失了在宗周镐京地区的大片土地，周室所拥有的领土，东不到荥阳，西不过潼关，南不越汝水，北不过沁水，仅有600多平方公里，力量不足以控制整个王朝，失去了对各方诸侯的实际号令权。不过在春秋初期，相对于尚未壮大的四方诸侯而言，周王室的实力还不算十分虚弱。然而随着时间的推移，王室的土地或被封赏给诸侯，或被诸侯蚕食侵吞。

春秋初期，大大小小的诸侯国有一百几十个，主要分布在中原地区的东部、南部、东南部及东北部一带。在这些大小不同、各行其政的诸侯国中，东周王室以东及东北地区，比较重要的有郑、宋、曹、卫、鲁、齐、邢、燕等国；西北主要是北部的晋国和西方秦国，这里更多的是戎狄等华夏族以外的少数民族；西南及东南地区则是许、蔡、陈、楚等国。另外，在今江浙一带还有吴、越两国和今四川东部地区的古蜀国，它们也都是当时重要的军事势力。

春秋时期的总体特征是少数民族入侵和诸侯争霸。东周王室迅速衰微后，无论是在政治上，还是在经济上，都要依赖于强大的诸侯国，诸侯国从此不再向周天子纳贡、朝觐、述职。从此，"礼乐征伐自天子出"的社会政治秩序被彻底打破，变成"礼乐征伐自诸侯出"。一些势力强大的诸侯国在当时的政治生活中逐渐扮演着越来越重要的角色。在这种局势下，大的诸侯国为了能够在政治生活中占据主导地位，相互间开始了激烈的争霸战争，诸侯争霸也就成为这一时期主要的政治现象。为了能够取得"霸主"地位，诸侯间互相兼并，"挟天子以令诸侯"，以至于取得霸主地位的诸侯，不仅可以对弱小的诸侯国，甚至会对周王发号施令。兼并战争进行到春秋中期以后，随着诸侯势力的兴起，诸侯国内卿大夫家的势力也开始逐渐壮大。到春秋晚期，诸侯们也逐渐丧失了对于国家政治的主导权，如晋、齐等大国的实际权力旁落到卿大夫们手中，进而出现了"礼乐征伐自大夫出"，甚至一些卿大夫家的实际权力也开始丧失，转到家臣手中，出现了"陪臣执国命"的现象。可以说，春秋时期是政治权力中心不断下移的过程。

在春秋时期，由于秦、晋两国的生活地区有羌、翟、义渠、白翟、林胡、楼烦、潞氏、狐氏等少数民族，他们虽然不时对秦、晋两国的国家安全构成威胁，但总体说来，由于这些少数民族的文明发展程度都低于华夏诸国，便为秦、晋等国的发展提供了广阔的空间，使两国在春秋时期迅速壮大起来。楚、齐两国同秦、晋的情况相仿，都是在对周边民族的征伐兼并中不断壮大。经过近300年的兼并，到了春秋晚期，诸侯国的数量已经大大减少，形成了强国更强、弱国更弱的政治局面。春秋的兼并战争虽然残酷，但也促进了各民族之间的相互融合，推动了社会生产力的进步，一步步消除了华夏大地上的局部分裂，为战国后期天下统一，皆归于秦，奠定了社会基础。

第二章

春秋时期那些事儿

　　从公元前 770 年平王迁都到公元前 476 年为春秋时期。平王迁都标志着西周覆亡，东周开始，东周又分为两段：春秋和战国。春秋时期发生的主要事情有周室衰微与宗法制的解体、各大诸侯势力的膨胀、世族集团的产生及发展壮大、齐桓公首霸、晋文公称霸、秦穆公独霸西戎、楚庄王北上称霸、吴越争霸、各国大夫集团的兼并斗争、诸夏同诸夷的斗争与融合、华夏民族形成。

周室衰微与宗法制的解体

周室衰微

公元前 770 年，周平王把自家朝廷搬迁到洛邑，标志着周室从此失去了天下共主的地位。天下没有了统一的号令，从此开始了在政治上动荡不宁的新局面。

平王东迁本是为了求得在政治上的稳定。当平王被申侯、缯侯等拥立于申的时候，其父幽王尚在位。稍后，幽王及褒姒所立太子伯服为讨伐申侯俱死于戏，原幽王手下大臣虢公翰又拥立王子余臣于携 (今地不详，盖在宗周畿内)，号称携王，造成周二王并立的局面。当此二王并立之时，估计朝廷大部原班人马、文书档案、官司彝器等都留在携王一边。平王手下既少人伺候，也没有一个正式立足之处。为搭建自己的朝廷班子，他遂在晋、郑、秦等诸侯的护送下，迁住原宗周王朝的东都洛邑。这之后，两个周朝廷大概进行过一番权力争夺，直到平王十一年，携王为晋文侯所杀，周二王并立的局面才宣告结束。

东周王朝在诸侯的扶持下才得以存立，即所谓"我周之东迁，晋郑焉依"。这使得东周王室自立国之初即暴露出其软弱无能的气质。平王在位 51 年，亦继承了幽王以来懦弱昏聩的品格。《国语·周语下》引灵王太子晋之语："自我厉、宣、幽、平而贪天祸，至于今未弭。"韦昭注云："此四王父子相继，厉暴虐而流，宣不务农而料民，幽昏乱以灭西周，平不能修政至于微弱，皆己行所致，故'贪天祸'，祸败至于今也。"在平王时期的诗歌中，诗人描绘当时朝廷的政局："周宗既灭，靡所止戾"；"三事大夫，莫肯夙夜；邦君诸侯，莫肯朝夕"。知其时整个政局上承宗周覆灭之弊乱，一直未有安宁，朝中大夫不肯勤劳王事，邦君诸侯亦不肯前来朝见周王。诗人并讽刺当时朝廷的执政大臣："今兹之正，胡然厉矣，燎之方扬，宁或灭之。"指斥其跋扈专横的气势。这位朝廷执政大臣，很可能便是在平、桓时期任为朝廷卿士的郑庄公。正是他担任朝廷卿士时期，给了周王室从未有过的奇耻大辱。

郑是西周末年才刚刚成立的一个诸侯国，其始封之君郑桓公友为周宣王之弟，本封在西周畿内的郑 (今陕西华县)。周幽王时，桓公任为周之司徒，因感受到王朝的危机，遂将自己的家族与财货迁移到东方的虢 (即东虢，河南荥阳东北)、郐 (今河南郑州南) 之间。幽王败灭以后，他又乘机灭掉了这两个小国，以今河南新郑为中心，重新建立起郑国的地盘。平王东迁，郑大概尽到了保护的责任。兼之它与东周朝廷离得很近，朝廷便一直拿它当依靠。

桓公之子郑武公、郑庄公，相继任为朝廷的卿士，把持朝政大权。尤其是郑庄公，为了谋求自己的利益，常利用卿士的职权，打着王朝的旗号，调动王师，"以王命讨不庭"，去对付一些与自己利益有冲突的诸侯国。仅《左传》所记，这样的事件便有：鲁隐公元年，"郑人以王师、虢师伐卫南鄙"；隐公五年，"郑人以王师会之，伐宋，入其郭"；隐公九年，"郑伯为王左卿士，以王命来告伐宋"；隐公十年，"齐人、郑人入郕，讨违王命也"。以此缘故，郑在春秋初年很快成长为一个地区性强国。

与此同时，周王室所控制的领地，即所谓王畿也急剧缩小。早在周室东迁之初，平王便因秦襄公派兵护送有功而赐之以岐西之地，并且说"戎无道，侵夺我岐、丰之地，秦能攻逐戎，即有其地"，实际是放弃了整个关中之地，尽管如此，据郑玄《诗谱》称，东迁后的周室初亦领有殽函以东方 600 里之地。但因其孱弱不振，日胶月削，地盘日渐缩小。鲁隐公十一年 (前 712 年)，桓王予郑河内地区原苏忿生所受封田 12 邑。郑不能有，至鲁僖公二十五年（前 635 年），又转赐予晋。鲁庄公二十一年（前 673 年），周惠王为答谢郑、虢平定朝廷王子颓之乱，又将虎牢（在今河南荥阳）以东地赐予郑，将酒泉（今地不详）赐予虢。更糟糕的是，一些戎狄部族亦乘机入居周畿内之地，如鲁僖公十一年见于《左传》的"伊洛之戎"，鲁僖公二十二年为秦、晋迁入伊川地区的陆浑之戎（亦称允楚之戎）皆是。仅仅几世，周室的疆域便如同一个小诸侯国般大小了。

宗法制解体

西周宗法制是政权与族权相结合的产物，是周天子巩固王权的工具。

正如孔子评价的，在西周王朝统治时期，"天下有道，礼乐征伐自天子出"。

正是"普天之下，莫非王土；率土之滨，莫非王臣"。王位的世袭制与宗法制度结合在一起，成为维系王室与四方诸侯的纽带；宗法制度又借助土地分封与礼乐征伐得以实践。四海之内，多是亲戚之邦，相互之间以礼为尊，上下分明，有效地维护了周王室在全国的统治秩序。

宗法制度是由原始社会晚期氏族内部的血缘组织关系进一步演变、发展的产物。"宗"字从"宀"从"示"，其本义是指宗庙。所谓的宗法，其实也就是宗庙之法。

西周王朝分封诸侯和任命职官皆以亲亲尊尊为标准。所谓"亲亲尊尊"，就是周王室根据与天子血缘的远近而确定其身份贵贱尊卑和封国的大小。在家族基础上形成的宗法制也是周王朝进行统治的重要原则。

宗法制度下，周天子的王位只有嫡长子继承。承继王位的一支应算做大宗。周天子的诸子之中除去承继王位者，其他儿子称为别子或庶子，是为小宗。

　　周王的庶子被分封在诸侯国做国君，国君在诸侯国中为祖。国君位由嫡长子承继，国君的别子或庶子又立为诸侯国中的大夫。大夫之家又有大宗、小宗之区别。小宗的地位依次降低，最后成为仅有薄产或没有田产的"士"。周王室这样层层分封，形成一个以亲亲、尊尊贵贱为等级的庞大的贵族集团。

　　西周的宗法制以家族为基础，以宗统为顺序而形成。宗法制度下，大宗为尊贵，小宗相对大宗为卑贱。小宗没有资格祭祖，只有大宗才有资格祭祖。《礼记·大传》云："庶子不祭，明其宗也。庶子不得为长子三年，不继祖也。别子为祖，继别为宗，继祢者为小宗。有百世不迁之宗，有五世则迁之宗。百世不迁者，别子之后也，宗其继别子之所自出者，百世不迁者也。宗其继高祖者，五世则迁者也。尊祖故敬宗，敬宗，尊祖之义也。"郑玄注曰："别子，谓公子若始来在此国者，后世以为祖也。"别子，则是诸侯国的始封君，为诸侯国之祖，于周王室为小宗。

　　宗族是按家族的宗统为顺序排列的。宗族长是宗族的统治者，也是最尊贵者。嫡长子是继承先祖先君的宗子，所以嫡长子就是最尊贵的族长。西周王朝按亲亲尊尊的原则，以家族为基础而进行分封，分封的对象是各个宗族的宗族长。封国或封邑的土地和人民都属于宗族长，宗族的成员在宗族长的庇护下生活。宗族长如果弃官"则族无所庇"。因此宗子像宗族的城一样，城可以庇护其民，而民也要维护城。《诗·大雅·板》云："大邦维屏，大宗维翰。怀德维宁，宗子维城。无俾城坏，无独斯畏。"宗子与族人的关系就像城与民一样，要相互支持维护。族人要拱卫宗子，宗子庇护族人。

　　周王室是天下的大宗，周王是周族的宗子。周王既是国家的国王，又是天下大宗的族长；同样，西周王朝分封的诸侯国君，亦是诸侯国大宗的族长。《诗·大雅·公刘》云："食之饮之，君之宗之。"西周是融君统、宗统为一体的国家，故西周王朝又称为"宗周"。《诗·小雅·正月》云："赫赫宗周，褒姒灭之。"西周王朝把政权与族权有机地结合起来。

周代的宗法制度保证了嫡长子的继承权和无比尊贵的地位，当然也保证了周天子无比尊贵的王位和权力。宗法制度与继统制度相辅相成，是巩固周代王权最有力的工具。在宗法制度下，周天子既是天下共主、高高在上的国王，又是天下的大宗的宗子，尊贵的宗族长。周天子的王权大大巩固和提高。

但是，随着周室的衰微，领地的不断缩小，便意味着收入减少。加上各地诸侯不来进贡，周王室的经济日见窘迫，这使它不得不向诸侯主动伸手乞求资助。可见于《春秋》《左传》，周室仅向鲁国伸手的记录就有：隐公三年："武氏子来求赙（助丧之财货）"；隐公六年："京师来告饥，公为之请籴于宋、卫、齐、郑"；桓公十五年："天王使家父来求车"；文公九年："毛伯来求金。"《左传》作者在做上述记录时，一再批评周室这种求取钱财的举动为"非礼也"。看来，周室因为贫困潦倒，连自己制定的周礼也顾不得维持了。所谓"礼乐征伐自天子出"的时代，实在是一去不复返了，同时也意味着宗法制的解体。

各大诸侯势力的膨胀

繻葛之战，拉开诸侯争霸的序幕

东迁后的周王室经济收入大大减少，一些诸侯国对周王室的贡纳停止或减少，东迁后的周王室比不上一个大的诸侯国。东周王室曾派人到鲁国去"求赋""告饥""求金"等。这些本应由诸侯国对王室的"礼贡"，而现在却由周王室出面去求了。政治上的失势，经济上的窘迫，使得一些诸侯国不愿意再听从周天子。

公元前714年，"宋公不王"，即宋国君不再朝见周王；公元前713年，"蔡人、卫人、郕人不会王命"。郑国国君桓公友是周厉王之少子，周宣王之弟，曾受封采邑于郑（今陕西华县一带）。西周末年，朝政混乱，郑桓公友寄财贿、孥于邻、东虢，后灭掉虢、邻，建立郑国，定国都于新郑（今河南省新郑）。郑国为东周王室的卿士，曾以"王命讨不庭"，讨伐宋、卫的"不会王命"；但当周王室想让西虢（今河南省三门峡）公担任王室卿士时，郑国君质问周平王，平王不敢承认。郑国让王子狐为质于郑，郑公子忽为质于周，史称"周郑交质"。平王死后，周桓王即位，终把王室政务交给西虢公。郑国派大夫祭足割周王畿温地（河南温县稍南）的小麦，又取了成周的禾，史称"周郑交恶"。

诸侯敢收割天子的庄稼，这可是从来没有的事情，在宗法制度下，这无疑是大逆不道的举动。按周时礼制，诸侯不朝见天子，天子就有权予以讨伐，更何况还敢收天子的庄稼。

公元前707年，年少气盛的周桓王不听虢公的劝阻，率周室六军与陈、蔡、卫等联军对郑进行讨伐。谁也没有想到，这一战，竟然决定了日后周王朝的命运。

郑人面对天子的大军，也并不是没有畏惧心理，毕竟以诸侯抵抗天子，于情于理都有很多不利的地方。但郑庄公又气不过周桓王免去自己职务的做法，结果还是做了抵御天子大军的决定。在战斗前，郑国人正确地分析了形势，他们采用了逐一攻击的策略。陈国君主新立，国内人心不稳，郑军就首先攻击士气最弱的陈国，将陈军一举击破。随后郑军转攻蔡国，蔡国听说陈人已经败了，也无心抵抗，很快便瓦解了。最后郑庄公集中优势兵力在缙葛与天子的大军激战。交战中，郑国的祝聃一箭射中周桓王的肩膀，周桓王只好率军撤退。祝聃本还想进一步追击，但被郑庄公拦住了，下令收兵结束了战斗。

"周郑交质""周郑交恶""周郑之战"都表明周天子的地位一落千丈。周天子竟然降低到和一个诸侯国去交换人质，并任人将麦子、谷物抢去，和一个诸侯国发生战争，反映了周王室的衰弱。郑国在战胜的情况下，不敢追赶，当天晚上又去慰问天子，表明自己的臣国身份。周天子虽然衰微，但名义上仍是天下的共主。

繻葛一战，以周天子的失败而收场。天子讨伐诸侯，反被诸侯射伤，虽然伤得不重，可终归还是忍气吞声地撤兵而还，这使得周天子的威风一落千丈，从此周王室再也没有能力对诸侯进行征讨了。繻葛之战中的一箭，不仅射散了天威，也射散了人心，同时也揭开了春秋诸侯争霸征战的序幕。

各大诸侯争霸

春秋时期，周天子的地位大大衰微。在这种形势下，春秋时期的社会发生大动荡，周边少数民族乘机入居中原。中原地区的动乱，给边邑地区创造了发展的机会。当时的楚、齐、晋、秦分别从南、东、西北、西部等发展起来。《国语·郑语》曰："及平王之末，而秦、晋、齐、楚代兴，秦景、襄于是乎取周土，晋文侯于是乎定天子，齐庄、僖于是乎小伯，楚蚡冒于是乎始启濮。"这四个诸侯国利用地处边陲的有利条件，迅速发展。秦霸西戎，齐威东方，晋吞西北，楚强江淮，相继称霸。

各诸侯国因为失去了周天子统一号令的约束，势力却很快地膨胀起来。诸侯国之间的征战愈演愈烈。大国吞并小国，弱国依附强国。而实力孱弱的周天子只能眼睁睁地看着下属的诸侯们上演一出出争霸大战，自己却无能为力。各大诸侯争霸主要是指一些较大的诸侯，它们通过兼并弱小，或向周边少数部族地区扩张，不久便取代周室，成为春秋政治舞台上的主角。《史记·周本纪》称"平王之时，周室衰微，诸侯强并弱，齐、楚、秦、晋始大，政由方伯"，正是对这一形势的概括。

郑在春秋初年的强势地位并没有维持多久。庄公去世后，郑国发生内乱，由于外国势力的插手和国内贵族的权力争斗，他的两个儿子郑昭公和郑厉公几次交替继承君位。这场动乱前后持续达二十余年，郑的国力和国际地位难免受到影响而致衰落。取代郑的地位的，是以后陆续成为春秋几位霸主的齐、楚、秦、晋。

齐在西周时即为最重要的诸侯国之一，并被周室赋予特殊权力，即管仲所谓的"赐我先君履：东至于海、西河，南至于穆陵，北至于无棣"，"五侯九伯，汝实征之，以夹辅周室"，实际上已是西周的"方伯"之一。入春秋后，齐仍为东方第一大国。《国语·郑语》提到周室衰微后兴起的诸侯国，第一个就是齐国，其称"齐庄、僖于是乎小霸"，表明《国语》作者心目中的"小霸"乃是春秋初年的齐国。齐庄公当周宣、幽至平王时期，其事迹不可详考。至齐僖公，则明显在部分诸侯中拥有实际的霸主地位。学者曾论及齐僖公于鲁隐、桓间屡为诸侯主盟，并且在北戎前来侵伐时，能够招致诸侯之兵为齐担任戍守，此皆为齐国拥有霸权地位之证。齐国之所以能够主持诸侯会盟，主要还是靠了它的实力。正因其未能担任王朝卿士，或如以后齐桓、晋文那样取得"挟天子以令诸侯"的地位，而未能有更大的作为。至齐僖公以后的襄公时期，齐的国力继续有所发展，东向灭掉了纪国，西南灭掉了郕国。其中，纪乃齐之世仇，曾为了保存自己，一方面与王室结为婚姻，一方面结援于鲁国，但最终还是未能挽救其被消灭的命运。纪原本领有今山东半岛中部灞河至潍水间不小的地盘，它落入齐手，大大增强了齐的国力。在这前后，齐又出兵干涉中原郑、卫等国事务。鲁桓公十八年（前694年），齐陈兵首止（今河南睢县东南），召郑君子亹及其大夫高渠弥来会，杀之，号称为郑讨贼。鲁庄公五年（前689年），又率鲁、宋、陈、蔡诸国之师，将避难逃往齐国的卫惠公送回国内，以戡定卫乱。凡此，皆显示了齐的强国形象。

楚的兴起较齐稍晚，两周之际，楚若敖、霄敖、蚡冒相继为君，《左传》宣公十二年记"若敖、蚡冒筚路蓝缕，以启山林"，《国语·郑语》称"楚蚡冒于是乎始启濮"，是说蚡冒时楚刚开始向周围濮族地区发展。其取得较快发展是在楚武王、楚文王时期。武王乃蚡冒之弟，蚡冒死，武王杀蚡冒子自立，立37年，自称号为武王。时当鲁

桓公八年 (前 704 年)，正北方齐、郑二国强盛的时期。文献记载楚武王"始开濮地而有之"，并开始向姬姓的随国用兵，继之又用兵于邓、郁、郧、绞、州、蓼、罗诸小国，吞灭了其中一些国家。然终武王之世，其国力尚属有限，不能与中原较大一些诸侯相抗衡。甚至伐罗之役，楚起倾国之师，而败于罗与卢戎的联军，楚帅莫敖自缢于荒谷。楚文王继续武王扩张政策，即位后迁都于郢 (今湖北宜城)，北向用兵，灭申、息，朝陈、蔡，封畛于汝，将封域扩展至方城以外的汝水地区。这一时期，楚伐灭小国甚多，除文献明确记载的申、息、邓等国之外，更有许多小国不明何时纳入楚的版图。刘向《说苑》即谓，荆文王"务治乎荆，兼国三十"。至齐桓公时，楚已构成中原华夏国家的严重威胁。

　　秦与以后的晋国大夫赵氏本为同族，嬴姓，并皆起源于东方。秦、赵二氏共同的祖先叫大业，即著名的皋陶，传为颛顼女女修吞玄鸟卵所生。大业生子大费，即佐禹治水的伯益。大费子大廉的玄孙仲衍曾事商王大戊。仲衍之后，仲潏居西垂，又名西犬丘，据考证，其地在今山西省境内。仲潏子为飞廉，飞廉有子恶来及季胜，恶来为秦的直系祖先，季胜则为赵氏之祖。赵氏一支在周初颇受周王室宠幸，其中造父受穆王嘉奖，被赐以赵城 (今山西洪洞)。秦族人为求荫庇，也一度"蒙赵城，姓赵氏"。直到非子之时，才因为周蕃养马群有功，被周孝王封之于秦 (今甘肃清水秦亭)。非子曾孙秦仲为周宣王大夫，讨伐西戎，为戎所杀。其长子秦庄公复兴兵伐破西戎。庄公子襄公当西周末年乱世，以将兵护送周平王东迁，有功，为平王正式册封为诸侯，赐之岐西之地。平王并许诺襄公："戎无道，侵夺我岐丰之地，秦能攻逐戎，即有其地。"襄公子文公起兵伐戎，"遂收周余民而有之"。再传至宁公，徙都平阳 (今陕西岐山西)，东伐荡社 (在今陕西三源市)，逐走亳王，复兴兵入侵芮国 (在今陕西大荔东)，同魏 (今山西芮城东北)，则其势已过河而东矣。其后武公再兴兵东伐彭戏氏 (今陕西白水东北)，同时西向伐灭邽、冀二戎 (分别在今甘肃天水及甘谷)，在那里设立县制。不久又在东方已征服地区设立杜县 (今陕西长安东南) 和郑县（今陕西华县），这是春秋列国中最早的置县记录。此外，武公还伐灭了在今陕西宝鸡自西周以来就一直存立的小虢。这样，整个关中就基本为秦所控制。至武公弟德公时迁居雍（今陕西凤翔），摆开了东向与中原诸侯争夺霸权的架势。

晋本亦属于强国。东周初年，晋文侯曾辅佐平王东迁洛邑，帮助平定携王的朝廷，为东周王朝的稳定起到了重要作用。以此，文侯受到平王的嘉奖，今《尚书》中的《文侯之命》即记载此事，那里面平王称赞文侯"肇刑文武，用会绍乃辟"，"扦我于艰"，并赐予文侯弓矢、马匹等物。不幸文侯去世以后，晋国发生了内乱。文侯子昭侯封其叔（文侯弟）桓叔于曲沃（今山西闻喜东），曲沃邑大于晋的翼都（今山西翼城东南），由是使曲沃桓叔的势力逐渐超过了晋室。公元前739年，大臣潘父杀昭侯而迎立桓叔，未果，晋人立昭侯子为君，是为孝侯。公元前724年，桓叔子庄伯杀孝侯，晋人又立孝侯弟鄂侯。鄂侯及其子哀侯在位期间，晋公室继续与曲沃庄伯展开争斗，周王室亦站在晋公室一边。帮助出兵讨伐曲沃，然曲沃不仅未被荡平，反而势力越发强大。鲁桓公三年（前709年），曲沃庄伯子曲沃武公兴兵伐翼，虏哀侯。鲁桓公七年，又杀晋人所立哀侯子小子侯。桓王命立哀侯弟缗为君。最终，曲沃武公于鲁庄公十六年（前678年）伐灭晋侯缗，以其宝器赂献于周釐王，釐王迫于既成事实，"命曲沃伯以一军为晋侯"，曲沃武公终于取代了晋侯大宗的地位，成为晋国的统治者，史称"曲沃并晋"。

曲沃武公并晋后二年去世，子献公立。鉴于自己家族颠覆原晋国公室的教训，他对本家族内曲沃桓叔和曲沃庄伯所生的其他诸公子十分提防，"乃用大臣士蒍计，杀诸公子"，使权力集中在自己手中。然后起兵，首先灭掉周围的耿（今山西河津）、霍（今山西霍县）、魏（今山西芮城）三国；接着征伐位于晋国东面的赤狄部落东山皋落氏（在今山西垣曲东南），败之于稷桑（今地不详）；至鲁僖公五年（前655年），又采用大夫荀息的计谋，假道于虞（在今山西平陆东北）以伐虢（今河南三门峡）将其灭掉，并在回师途中灭掉虞国。实际上，为晋献公所灭掉的远不止上述数国。《韩非子·难二》便记载，"献公并国十七，服国三十八"。于是晋境西至黄河，东连太行，北达晋中，南尽虢略而据有崤函一带险要之地，都是幅员辽阔，并具表里山河之形胜的大国，这就为以后晋国的霸业奠定了基础。

总括以上齐、楚、秦、晋诸国取得长足发展的原因，除了它们各自的历史优势和统治者的开拓意识外，在客观上，还得益于它们地处中原中心区以外的地理优势，从而具有向四周发展的较为广阔的空间。它们一般都与所谓蛮夷戎狄部族相邻，在文化上及生产力发展水平上相对优于这些部族，这使它们能够较为顺利地向这些地区扩张。与之相对照，那些局促于中原中心范围内的诸侯，如鲁、宋、卫、郑、陈、蔡、曹、许及其他众多小国，由于活动范围的限制，其发展自不敌上述四国。这其中的鲁、宋、郑、卫可算作中等国家，它们入春秋后也取得了一些发展，如鲁于隐公年间便曾灭掉附近的极 (今山东金乡南)、郚 (今山东城武南) 等小国，并使其他一些小国沦为自己的附庸；宋于春秋初年亦获取了杞 (今河南杞县)、戴 (今河南民权东) 等国地；卫处齐、晋、鲁、宋、郑诸国间，最不易发展，且常见陵于大国，然以其在历史上的重要地位，得以继续维持其局面。

齐桓公首霸

励精图治，称霸中原

齐在春秋初年的僖公、襄公时期已是诸侯中的强国。襄公死于内乱，其弟公子小白与公子纠争夺君位，小白获胜，是为著名的齐桓公。

齐桓公自从做了齐国国君之后，兢兢业业、呕心沥血、励精图治、富国强兵、亲贤臣远小人，在百姓中的威望逐渐树立。他刚刚即位之时，齐国的百姓正处于水深火热之中。他当上国君，非常理解百姓之苦，下令减轻农民贡赋，重视农业生产，很快，百姓就过上了比较安康、快乐的生活。齐桓公因此也得到了天下百姓的拥护、支持和爱戴。齐桓公不仅是个开明的国君，而且还特别重视人才。

齐桓公在位期间，曾任用以前的敌人管仲为相国。公子小白当年在回国准备夺取王位的路上，遇到了阻截他的管仲。管仲是奉鲁庄公的命令追杀公子小白的，好让公子纠有机会当上齐国国君。管仲一见到公子小白，便射了一箭，恰巧射在了公子小白铜制的带钩上，公子小白将计就计，装死，最后跑到城中当上了国君。小白对管仲恨之入骨，上台后派兵将鲁国打败，让鲁庄公把管仲押送到齐国。但后来齐桓公听说管仲很有才能，便在鲍叔牙的劝告下把管仲放了出来，并开始任用管仲。齐桓公为了早日称霸，执意要攻打鲁国，当时出兵之前，管仲苦口婆心劝齐桓公不要轻易出兵。齐桓公在当时刚刚任用管仲，对管仲还有戒心，因此没有听管仲相劝。后来在长勺与鲁军交战，被曹刿指挥的鲁军打败。

齐桓公还有一个很大的优点就是知错必改。齐军长勺大败，回到了齐国，齐桓公找到管仲，向他认错。在过去那个年代，君臣的等级地位十分重要，君让臣死臣不敢不死。而齐桓公却主动认错，深深地打动了才学渊博的管仲。管仲下定决心：忠心辅佐齐桓公。而从此，齐桓公也开始信任管仲了，后来拜管仲为相国，负责处理朝廷要事。

管仲做了相国后，进行了一系列改革，这些改革得到了齐桓公的认可和赞同。

齐桓公像

据《国语·齐语》等文献记载，管仲的改革主要包括三方面的内容。一是实行新的行政区划，即所谓"三其国而伍其鄙"：将国都及其附近地区划分为21个乡，其中士农之乡15个，工商之乡6个。这15个士农之乡，由桓公及高、国二卿各领其5，是谓"三其国"。将鄙野之地划分为5属，由五大夫分领，每属10个县，每县3个乡，是谓"伍其鄙"。无论"国"还是"鄙"，其所属之乡以下的地方再划分成更小的行政单位，设有司专门管理，以使士、农、工、商各安其业而不相杂处。二是实行新的军事管理制度，即所谓"作内政而寄军令"：在"国"中的15个士农之乡中，每家出一名士兵，由各基层行政单位的有司管理，这样，每五个乡就有一万名士兵，编成一军；全国便有三军共三万人。使他们春秋两季利用狩猎练习军事，勿令迁徙，大家哀乐共济，祸福同当，用之于战场，便能"方行于天下"。三是实行新的财经政策，包括所谓"相地而衰征"，即根据各地土质好坏有等差地征收赋税，以及通渔盐之利，对关市"几而不征"（只监察而不征税），设官吏管理山林河泽等。

民以食为天，管仲深知农业是根本。在经济上，他实行实物税制。为了保证公平，管仲把全国土地按好坏分等征税，这样既减轻了农民的负担，税收又没有减少，农民生产积极性极大地提高了。齐国的农业明显比其他诸侯国领先。

管仲看到齐国临海，有利于经商和发展渔盐业。为了鼓励当地人民进行贸易活动，管仲实行了渔盐出口免税，使齐国的商业得到了空前的发展。管仲还看到了货币的重要性，采取了一系列措施加强对货币的管理。为了防止小商小贩进行投机活动，管仲还派人对货物进行调控，保持了物价的平衡。管仲的这些措施，不仅保证了齐国百姓过上好日子，而且使齐国的国库增加了收入。其他诸侯国的人民都十分羡慕齐国的百姓，都把齐国当成了理想王国。

管仲也和齐桓公一样非常重视人才。管仲向齐桓公不断地推荐人才，齐桓公对他们一一量才而用，齐国的有识之士一天天增多。在人才的选拔上，管仲也进行了改革，采取了"三选制"。全国共21个乡，各个乡把文通武备、有胆识有气魄的人推举到国家，这是第一选。管仲为了防止地方官舞弊，经常亲自下乡去监督，也时常到各乡中去发现和挖掘人才。管仲又设立了专门的机构对通过第一选的人进行考核，选出优秀者推荐给国君，这是第二选。国君最后亲自审核，合格者任命为上卿的助手，这是第三选。管仲的"三选制"为齐国发现了不少人才，那些有真才实学的人很快得到了重用，而且为齐国的强大做出了不小的贡献。"三选制"促进了许多人读书求学，这无形之中强化了齐国的统治阶级。

管仲看到当时周王朝的统治日渐衰落，便对齐桓公说："主公，我们必须加强中央集权。周王朝为什么地位日渐下降，那是因为周朝天子给予各诸侯的权力过大，而且各诸侯国兵力又逐渐强大，有能力和周天子抗衡了，所以就不再把周天子放在眼里了。我们应从中吸取经验教训，收回权力，主公应掌握生、杀、富、贵、贫、贱这六大权力。只有这样，我们才能更好地统治各乡。"齐桓公认为管仲说得有道理，便收回了六大权力，加强了中央集权的统治。

管仲为人正直，而且赏罚分明。对有功之臣重重奖赏，而对有罪者，无论是谁，一定按罪惩罚。管仲赏罚分明，大小臣子都十分佩服。

通过管仲的一系列改革，齐国的政治加强了，农业、商业突飞猛进，军队作战能力明显加强，许多贤才如水归川，纷纷投奔齐桓公。齐国渐渐地成为春秋初年实力最强的诸侯国之一。

管仲的改革如此成功，使齐桓公更加信任管仲，他曾对臣子说："国家大事，均由管仲决定，无论什么事，先禀告管仲，再禀告我。"但管仲为人忠诚，并不因此而骄横，对待臣民十分谦和，大臣和百姓心中对管仲也十分爱戴。

齐国强大后，齐桓公就想成为中原霸主。随着齐国的实力明显增强，齐桓公争做霸主的愿望也越来越强烈。

但是称霸中原总需要找个借口。而恰在此时，天子周庄王去世，周僖王继位。周僖王刚刚继位，位子还不稳，宋国就发生了内乱，公子游为了夺取宋国王位，杀死了国君宋闵公。公子游做国君还没有几天，又被宋闵公的弟弟公子御杀死。这些事件恰好给了想称霸的齐桓公一个良机。管仲对齐桓公说："主公想称霸，可利用此机会。"

周庄王去世，周僖王继位。按理说，周王朝国君是各诸侯国的首领，周僖王继位，各诸侯国应该前来贺喜。可周僖王继位后，一个贺喜的也没有，可把周僖王气坏了。可他没有办法，他也深知周王朝已名存实亡，没有能力与其他诸侯国抗衡了，只好忍气吞声。而正在周僖王伤心难过之时，有人来报："齐国使臣带来许多贡物前来祝贺新天子继位。"周僖王大悦，立即起身相迎。他想：齐桓公果然与其他诸侯首领不一样，知道礼节，难怪齐国日益强大起来呢。

周僖王热情款待了齐国使臣。饮酒正浓，齐国使臣对僖王说："大王，宋国内乱不断，为了争夺王位，战争不断，百姓受苦，影响很坏，若不制止，就有损周王朝的颜面。希望您下令，选一个诸侯牵头，以您天子的名义，召集其他诸侯，平息宋国的内乱，另外选出一位新国君。"

周僖王本来对宋国就不满，心想正好利用此机会展示一下自己的威望，当即写下了"由齐侯出面邀请各诸侯商讨平宋叛乱、选新国君"。使臣接过这道命令，心中大喜。之后使臣把这道命令交给了齐桓公和管仲。

于是齐桓公让管仲拟写召集诸侯会议的通知，分别派人送到其他诸侯国去。

会期到了，原来通知的十几个诸侯国，只有邾、宋、陈、蔡4个诸侯国参加，齐桓公心里不悦。于是五国商议了平定宋国叛乱之事，他们一致通过选公子御为宋国国君。他们还达成一致意见，如果宋国再有内乱，五国联盟出兵，平息叛乱。

会上，齐桓公神情严肃地说："现在王室衰微，为了扶助王室，共创大业，重建周天子的威信，需选出一位带头人来，请各诸侯考虑一个人选。"大家心里也明白，齐桓公是想当盟主。参加会议的五家诸侯中，宋国的资格最老，是头等诸侯国——公爵国，但是内乱不断，国力明显下降。而齐国国力日渐强大，虽然是二等诸侯国——侯爵国，但有能力扶助周天子，共创大业。陈国的国君是个聪明人，心想：齐桓公你既然那么愿意当盟主，就让你当，送你个人情，日后你也不好轻易攻打我。于是陈侯说："论实力非齐国莫属，这次会议又是齐侯召集的，我们就选齐侯吧！"齐桓公一听十分欢喜，但嘴上却说："我才疏学浅，恐怕难担重任，还望各位多多帮助。"于是半推半就地接受了盟主之位。

会上五国签了盟约，表示扶助王室，平定内乱，抵御外侮，如有违约，共同讨伐。

公元前 681 年，在齐桓公和管仲的努力下，齐桓公终于登上了中原霸主的位置。

从此以后，齐桓公便打着周天子的旗帜，"挟天子以令诸侯"，壮大自己的实力。其他各家诸侯彼此心知肚明，但也没有办法。

从此，齐桓公就成了春秋初年的第一个中原霸主，力量更加强大了。

齐桓公成为首霸的谋略

据《左传》，齐桓公的称霸始于公元前 679 年的甄（今山东鄄城西北）之会。这大概是从形式上看，此次会盟有周王室的大夫单伯参与，显示了周王室对桓公霸权的承认。但事实上，当时桓公的威信还不太高，会盟的参加者亦不甚多，桓公还需要进一步显示其作为霸主的实际地位和作用。为此，桓公是从三个方面来谋取自己的霸权的。

一是"尊王"。如前所述，这是为了将周天子掌握在自己手中。为此齐桓公所做的最有实效的一件事情是用武力安定了周天子的位置。还在桓公即位不久，周王朝发生了王子颓之乱，后虽被讨平，但支持王子颓的卫国未受到讨伐，桓公于是受惠王之命对卫国进行讨伐。然而不久，王室内部又因周惠王欲废黜太子郑而立少子带出现新的不安宁，桓公又于鲁僖公五年（前 655 年）邀集诸侯同太子郑会于首止（今河南睢县东南)，表示对太子的支持。不久惠王去世，桓公复邀集诸侯奉太子即位，是为周襄王。有了这一系列安周之举，周王室焉能不表示回报，因而就在襄王即位的次年 (前 651 年)，在齐桓公召集诸侯举行的葵丘 (今河南兰考) 之会上，襄王即令大臣宰孔赐齐桓公以胙肉，等于再次申明桓公的霸主地位。

二是"攘夷"。自春秋以来，乘华夏诸国处于战乱而向中原发起侵袭的所谓蛮夷戎狄，主要有居于今山西境内太行山以西的赤狄部族、今河北东北部燕山山脉中的山戎部落，以及南方的楚国 (楚向被中原诸国视同夷蛮)。赤狄在春秋前期的文献中又或称作北戎，其时乘中原混乱之机，东出太行，伐邢、伐卫、侵郑、入周、伐齐、伐鲁，甚至一度使邢、卫二国濒于灭亡。山戎亦曾"病燕"。至于楚国，其继文王以后即位的楚成王继续向北方扩张，于鲁庄公二十八年 (前 666 年) 及鲁僖公元年 (前 659 年) 两次起兵伐郑。郑为中原门户，楚急攻郑，造成"南夷与北狄交，中国不绝若线"的危险局势。作为盟主，齐桓公自应担负起为华夏国家攘却夷狄的责任。鲁庄公三十年 (前 664 年)，山戎伐燕，燕告急于齐，桓公救燕，遂伐山戎，至于孤竹 (今河北卢龙) 而还。鲁闵公元年 (前 661 年)，狄人伐邢，桓公听管仲之谋，起兵救邢，并在随后讨伐狄人，进入太行山以西境内。待北方狄难稍息，桓公又于鲁僖公四年 (前 656 年) 邀集鲁、宋等八国军队进伐楚国，迫使楚人在召陵 (今河南郾城东) 订立城下之盟，暂时遏制住楚人北进的势头。

三为"恤患"，即抚恤诸侯之患难。其事如安鲁：为鲁国除去在国内屡屡制造祸乱的鲁公子庆父，使鲁难归于平息；救邢：不仅出兵解救了遭到狄人侵伐的邢国，而且帮助邢国迁居到夷仪 (今河北邢台西南)，使其重新趋于稳定；存卫：在卫被狄人灭亡后，率诸侯军队为之修筑楚丘城 (今河南滑县东)，使其君臣得以安顿。后人称道桓公所做的救助邢、卫这两件事，曾使得"邢迁如归，卫国忘亡"，可见桓公的作为确实得到了诸侯的拥护。

齐桓公在位 43 年，据说其主持的盟会有"兵车之属六，乘车之会三"，昔人曾有"五霸，桓公为盛"之说，盖可以作为定论。

晋文公称霸

晋文公称霸前的国内外形势

春秋时期的第一任中原霸主齐桓公死后，固守函谷关的秦穆公和偏居南方的楚成王都想问鼎中原，甚至连宋、郑这样国力微弱的国家也都窥伺着霸主之位。齐国内发生五公子争立为君的内乱，齐的霸权从此丧失。在这个过程中，宋襄公插手齐国的内政，并最终拥立齐太子昭 (即齐孝公) 夺得君位。由此，襄公竟产生了获取霸主地位的非分之想。因为国力不济，他把希望寄托在说服楚国支持自己担任诸侯盟主的不切实际的想法上。楚人假意答应，却在鲁僖公二十一年 (前639年) 宋人发起的盂 (今河南睢县) 之会上伏兵将襄公扣押，并以之为人质攻打宋国。因宋有备，楚将襄公放回。然而襄公不思其过，复于次年举兵讨伐追随楚国的郑国，致宋、楚二国军队在泓 (今河南柘城北) 地展开战斗。结果宋兵大败，襄公伤了大腿，不久死去，其图霸之举遂成为历史上的笑柄。

当齐桓公霸业鼎盛及嗣后宋襄公图霸前后的一段时间，本已崛起的晋国却又陷入严重的内乱之中。因为晋献公宠幸骊姬而废嫡立庶，导致太子申生自杀，公子重耳及夷吾逃亡国外。后夷吾得以返国被立为君 (是为晋惠公，却又因未处理好与秦国的关系而致国家长期处于动荡不宁之中)。

晋文公礼仪治国

公元前 636 年，流亡在外达 19 年之久的公子重耳，在秦的援助下回国继位，是有名的晋文公。晋文公野心勃勃，欲称霸中原。晋文公是个聪明贤达、老成持重的人，在长达 19 年的流亡生涯中，他和随同的臣子们历尽各种磨难，既锻炼了意志，又增长了阅历。他备尝"险阻艰难"，所以即位后能奋发图强。

晋文公执政后，为了安定民心，稳定朝政，公开招贤纳士，并宣告天下：自己不会计较过去的私人恩怨，将在任用官吏上唯才是举。不久，头须来见。头须曾在晋文公流亡狄国期间负责管理钱财，但他背信弃义，在晋文公离开狄国再度流亡时携款潜逃，远走他乡，害得晋文公等人差点饿死在路上。可晋文公不计前嫌，让他官复原职，仍然管理财务。此后，晋文公又任用了曾经多次刺杀他的勃抵。

众人见晋文公果然遵守承诺，不计前嫌，行事宽厚仁义，便纷纷安心地为新君做事。

此后，晋文公任命随侍流亡的狐偃、赵衰、先轸等人为国家重臣，又任用了许多外来人才。同时，他还听取下属意见推行改革措施，兴利除弊，减轻了人民的赋税负担，大力发展农业、商业和手工业，并把原晋国的两军扩编为上、中、下三军。晋国大治，日趋富强。

晋文公为了教导百姓知义、知信、知礼，也煞费苦心。使民知义，在于教育他们能尊重国君，让民众明白君臣之间应尽的义务。晋文公积极出兵勤王，以自己的忠君之举为百姓做表率；广施仁政，让百姓生活安定。使民知信，在于教育他们能相信、服从国君。文公在即将攻陷原国之时，放弃了唾手可得的原国土地，让百姓明白自己不会失信于民。使民知礼，在于教育他们遵守纪律。文公设置了掌管官职的官员，更合理地管理、调配国家大臣，以使百姓更加尊重和服从掌权的官员。文公深知取信于民则国家强大，失信于民则国家衰弱，因此治国从政当以建立信德为主旨和根本。左丘明在

《左传》中指出，文公能在晋楚争霸中获胜的根本原因正是得力于"文之教也"。

城濮之战定乾坤

晋文公也像齐桓公一样打起"尊王攘夷"的旗帜。公元前 636 年，狄师伐周王室，大败周师，周襄王逃亡郑国，处于汜（在今河南荥阳县一带）。狄师据王畿温（今河南温县一带）。晋文公率兵勤王，驻军阳樊（今河南济源县东南），以右师围温，左师迎王，将周襄王送回王都，杀掉了勾结狄师攻王的大叔带。周襄王赏晋国"以阳樊、温、原、攒茅之田。晋于是乎启南阳"。南阳，《水经·清水注》引马融曰："晋地自朝歌以南至轵为南阳。"即今河南省温县、济源一带，因其地在黄河以北、太行之南，故晋国称之为"南阳"。晋国占领了南阳，控制了从汾水平原通向中原的太行山口，使晋国成为一个进可攻，退可守，"表里山河"的战略要地，对晋国的向外发展、中原称霸具有重要的战略意义。晋国攘夷狄，定王室之乱，也大大提高了晋在诸侯国中的地位。

晋文公称霸，城濮之战具有决定意义。公元前 633 年，楚军围攻叛楚附晋的宋国。宋向晋告急。晋国非常重视，认为："取威、定霸，于是乎在矣"，"战而捷，必得诸侯，若其不捷，表里山河，必无害也。"晋国进行了充分的作战准备。

公元前 632 年，晋、楚双方在城濮（卫地，今山东省旧濮县南 70 里有临濮城，1956 年并入河南范县）会战。城濮之战，晋军一战而胜。《史记·楚世家》云："晋焚楚军，火数日不息。"晋军大获全胜，晋除歼灭大部分楚军外，还俘获了楚驷介百乘，徒兵千人。晋国向周天子献楚俘。

城濮之役，阻止了楚向北的发展。晋、楚争霸约百年，楚国虽多次想打开进攻中原的道路，却一直未能如愿。城濮之役后，北方国家形成一个以晋为核心的稳定的集团，成为阻止楚国北上的劲敌。

同年五月，晋文公召齐、鲁、蔡、陈、郑、莒以及周天子，会盟于践土 (今河南原阳县西南)。原来臣服于楚的陈、蔡、郑、鲁等国倒向晋国，接着，曹、卫又被征服。是年冬天，会盟于温。晋文公继齐桓公之后，成为北方中原诸侯国的霸主。

秦穆公独霸西戎

广纳贤才，意欲称霸

公元前 659 年，秦穆公即位。在群雄并起的春秋时期，处于西部边陲、国力不强的秦国跟其他大国相比毫无优势，是一个贫穷落后的国家。

当齐桓公称霸中原之时，秦已将势力扩展至华山之下，据有今陕西省整个关中地区，隐含东进之势。秦穆公约与晋文公同时，其即位之初，即雄心勃勃地广招贤才，欲为强国，亦为其东进预作准备。可最让他头痛的就是缺乏贤士能人。

有一次，秦穆公派九方皋去寻找一匹良驹。三天后，九方皋回来复命，说良驹已寻得。秦穆公大喜，便问："此马如何?"

九方皋答道："此马是一匹黄色的母马。"

穆公立即叫他牵马来见，可九方皋牵来的却是一匹黑色的公马。秦穆公见后很不高兴，认为连马的色泽和公母都不能分清的九方皋，挑选出的马肯定不会是什么好马，便连看都不想看了。

后来，穆公在伯乐的一再劝说下才肯试骑，没想到那匹马果真是一匹举世无双的良驹。秦穆公从这件事上明白了一个道理，用人不应被其外表所蒙蔽，应当看到他的优点。于是，秦穆公便在全国各地广纳贤能之士，希望普天之下的人才都来投靠他。没过多久，有人禀告他说，百里奚有治国安邦之才，但是目前被困在楚国喂牛。听到此事，秦穆公立刻命人到楚国去，但又担心重金聘请会让楚王产生怀疑，便命使臣到楚王那用五张羊皮去交换百里奚。楚王不想和秦国发生冲突，便收下那五张羊皮，将百里奚交给了秦穆公。

百里奚跟随使臣回到秦国后，秦穆公把他引为座上宾。百里奚感激之余，便尽心尽力地辅佐秦穆公，还将自己的好朋友蹇叔推荐给了穆公。

秦穆公在百里奚、蹇叔二人的辅佐下，采取富国强兵的政策，注重法治，兴利除弊，秦国逐渐强盛起来。

秦穆公称霸西戎

秦穆公踌躇满志，积极进取，对百里奚、蹇叔等贤臣委以重任，改革内政，使得秦国的经济、军事均有重大发展，国力越发强盛。

秦国日渐强大，秦穆公称霸中原之心也越发强烈。郑文公和晋文公在公元前628年相继去世后，秦穆公觉得代晋称霸的时机已经成熟。与此同时，驻守郑国的秦将杞子也派人送信，请穆公趁晋国大丧之际袭郑。秦国大夫蹇叔反对出兵，劝谏道："此番远征，不易补给，而且要经过晋国，容易受伏兵攻击，很难成功。"但穆公称霸心切，不听蹇叔意见，命令孟明视、西乞术、白乙丙三将率兵东进。结果，秦军虽然袭郑成功，却在回师路上于崤山惨遭晋军伏击，全军覆没，三将被俘。多亏秦穆公的女儿怀嬴施计相救，三员秦将才得以离晋返秦。身披素服的秦穆公带领众臣前往郊外迎接孟明视等人，在众目睽睽之下道歉："都是因为我没有听取百里奚、蹇叔二人的劝告，才致使三位将军受到如此大辱！"此举赢得了大臣们的谅解，也赢得了民心。

向东发展的道路被晋国阻断，秦穆公只能转向西发展，倾力向西戎进攻。当时，有很多戎狄居住在现在的陕、甘、宁地区，绵诸 (今甘肃天水市东)、义渠 (今甘肃宁县北) 和大荔 (今陕西大荔县东) 是其中实力较强的部族，他们经常在秦边境抢掠，骚扰当地百姓。后来，绵诸王听闻秦穆公是贤德之人，便派遣使臣由余拜访秦穆公。秦穆公非常热情地招待了由余，并不失时机地从由余口中探听到了西戎的地形、地貌、军队等情况。秦穆公发现由余很有能力，便采纳了内史廖的计谋，离间由余和绵诸王之间的关系，使由余长期留在秦国。穆公还给绵诸王献上财物、美人，绵诸王从此沉迷于酒色，不理朝政。待到绵诸国朝政混乱后，秦穆公才放由余归国。返回绵诸后，由余屡次进谏都被绵诸王拒绝。加上秦穆公派人在中间挑拨离间，由余走投无路，只好投靠了秦穆公。秦穆公再次隆重地接待了由余，由余对穆公感恩戴德，于是忠心耿耿地辅佐穆公，与他一起共商讨戎大计。

秦穆公墓

公元前 624 年，秦穆公亲率秦兵攻打晋国。过了黄河后，穆公烧毁全部渡船，自断后路，以示必胜决心。果然，秦军深受鼓舞，大败晋军，终于洗刷了崤之战失败带来的耻辱。紧接着，秦国开始积极向西发展，调集秦兵进军西戎，迅速消灭了绵诸，并乘势先后征服了 20 多个戎狄小国。秦国拓疆千里，国土南到秦岭，西至狄道 (今甘肃临洮)，北达朐衍戎 (今宁夏盐池)，东至黄河，"益国十二，开地千里，遂霸西戎"，秦国迅速崛起为泱泱大国。

楚庄王北上称霸

一鸣惊人，问鼎中原

　　楚是西周初年，周天子因其故地而封的诸侯国。春秋时期，楚在江汉流域兴起。

　　公元前 613 年，楚穆王之子熊侣即位，史称楚庄王。庄王虽然年轻，却颇有心计。楚穆王是杀掉自己的父亲才登上王位的，因而在执政的 12 年间，他并未真正得到朝中大多数人的认可。庄王即位后，为了能在混乱的局面中辨明忠奸，他三年不事朝政，明察暗访，直到获得忠臣良将才"一鸣惊人"。

　　楚庄王在芈氏之族的支持下，打败乘楚饥荒之时伐楚的庸、麇和百濮等夷戎部落方国，使西部边境得到稳定；接着，又消灭了国内叛乱的若敖氏之族，楚国王权更加巩固。

　　楚庄王任用孙叔敖为令尹，整顿内政，在任官制度方面，"内姓选于亲，外姓选于旧"。楚王任用最亲信的王子或宠弟来协助执政，组成政府核心集团。楚国的令尹、司马、县公、县尹等皆由公子担任，以王室近亲公子为主的新贵族代替了以大世族为主的旧贵族，掌握了楚国的政权。楚以治理政绩命官，以军功胜败论将，有严格的奖惩制度。在外交上，自楚成王开始就与秦结成联盟。秦自殽之战后，与晋成为世仇之国，楚乘机拉拢秦国，结为婚姻。秦、楚之盟结成后，与北方的晋、齐盟国成为对立的两大集团。

在国内已经稳定的情况下，楚庄王又开始积极从事其霸业的活动，灭掉群舒，重新定其疆界，并强迫吴、越与楚订盟，承认其霸主地位。接着，又迫不及待地把进攻的矛头指向中原。

楚国向来被中原诸国视为"蛮夷"的对象，备受排挤和轻视。因此，楚国出兵讨伐中原国家极具报复性，楚庄王也不例外。他在改革内政的同时，积极加强军备，为称霸中原做准备。

公元前606年，楚庄王亲自领兵攻打陆浑一带的戎族。在行至周朝领地时，他检阅部队，以此显示楚国势力的强大，威吓周天子。得知此消息后，周定王惊慌失措，立即派大臣王孙满去犒劳楚国军队。楚庄王在交谈中问王孙满："周王室中的九只鼎究竟有多大，有多重？"这一问题把王孙满惊呆了。因为九鼎是天下九州的象征，也是国家政权的象征，标志着周天子的尊严，从来不容许任何人过问。此时楚庄王的问话，不就意味着想夺取天下、问鼎中原吗？

机智过人的王孙满马上冷静下来，镇定自若地回答道："鼎的大小轻重在于德而不在于鼎本身。过去虞夏昌盛时，边远的国家都来朝贡，便让九州的首领进贡青铜，铸成九鼎，其上绘了许多山川、物产及各种怪异之物，好让百姓知道远离危害人们的怪物。后来夏桀道德败坏，鼎便被迁到殷，商朝延续了近600年。商纣王残暴荒淫，鼎又被迁到周朝。如果天子有德，鼎虽小却也移动不得；如果天子道德败坏，鼎即使再大也容易移动。当然，上天给圣主明君赐福也是有时限的。过去周成王把九鼎安置在郏鄏，占卜说过可以传世30代，立国700年，这是上天的意旨。如今周王室虽然衰微，可时间没到，上天的意旨难以改变。大王询问鼎的轻重，确实不应该啊！"

楚庄王考虑到周王室在诸侯间仍然具有一定的影响力，而且自己此时尚且不具备灭亡周朝的实力。于是，他炫耀一番武力之后便离开了周地。

邲之战，终成霸业

楚庄王中原问鼎后，为了抢夺郑、陈、宋三国土地，晋、楚两国连年争战，其中为夺郑引发的战事最多。仅公元前606年后的八年间，楚国出兵伐郑多达七次，且屡屡告捷，逐渐在与晋的争夺战中占据了上风。

楚庄王明白，伐郑不如攻晋，只有彻底打败晋国，楚国才能称霸中原。而强大的晋国绝不会轻易放弃霸主地位，因此晋、楚两国之间的决战无法避免。

公元前597年，楚庄王亲自领兵伐郑，晋楚大战在邲 (今河南郑州东) 拉开了帷幕。在这次战斗中，晋军虽然兵力强大，但由于军队统帅之间存在意见分歧，不能统一有效地指挥军队对敌作战，被楚军抓住了弱点，一击即溃，遭到了重创。

楚国大夫潘党向楚庄王进谏道："晋军已溃不成军，此时是追击的最佳时机，不如将他们一网打尽！"庄王不以为然，回答道："楚国自从城濮之战输给晋军后，一直不敢与晋国争锋。这次完胜，足以雪前耻，何苦再多杀人呢？"

于是，楚庄王以胜利者的身份在衡雍 (今河南原阳县西南) 修建了楚先君宫殿，祭祀了黄河，举办庆祝大会后班师回楚。

在邲之战中，楚国大胜，士气大增。此后，楚军进攻之势更加难以阻挡。楚军相继攻打几个与晋结盟的国家，而晋国却敢怒不敢言。

公元前595年，楚庄王出兵伐宋，大军直逼宋国都城，围困九个月后，宋国投降。不久，齐、鲁等国与楚结盟。从此以后，偏居南方的楚国逐渐深入到中原腹地，势力锐不可当，楚庄王实现了祖辈们"观兵中国，争霸中原"的夙愿，成为历史上著名的"春秋五霸"之一。

楚国连年征战，人民负担很重，但楚庄王自有一套对内安抚民众的政策。他尽量做到不影响农业生产，体谅民众的难处，还采取了很多行之有效的措施发展经济，因而获得了百姓的称道和支持。在对外战争中，他采用了恩威并施的策略，重视以德服人，不以夺得土地为最终目的。因为他安邦治国有道，对外战争有德，才得以在春秋历史上写下楚国称霸的华丽篇章。

吴越争霸

吴、越的兴起

吴、越二国地处今江苏、浙江一带，吴在北而越处南。二国的居民都主要出自东南越族，但其王族却来自中原。

吴为姬姓，其先君出自西周初期分封于今江苏丹徒地区的周太王之子虞仲的后代，越为姒姓，其先君据史书记载出自夏少康之庶子无余。此虽系传说，然显示了越与夏后氏之间的同根关系。学者考证，夏代夏后氏曾大规模殖民于今山东地区，越国王室应在日后从今山东迁来。因距中原地区绝远，久不通音问，致与中原文化产生隔膜，史书亦少见吴、越二国早期历史记载。《左传》宣公八年记楚灭舒蓼，"及滑汭，盟吴、越而还"，是吴、越二国见于《左传》之始。《左传》成公七年"吴伐郯，郯成"，记吴用兵始及于中原华夏之属国。传文同时引鲁国季文子对这件事的评论说："中国不振旅，蛮夷入伐，而莫之或恤，无吊者也夫！"是表明吴国 (实际亦包括越国) 因其发展水平落后于中原，被中原各国视为"蛮夷"。

促使吴、越与中原各国增加往来并得以增强其军事实力的外部原因，是晋、楚两霸对它们的诱导与利用。如前所述，首先是晋国为了牵制楚国，派遣巫臣使吴，"教吴乘车，教之战阵，教之叛楚"，并安置其子狐庸为吴之行人 (通使之官)，于是"吴始伐楚"，以至"蛮夷属于楚者，吴尽取之，是以始大，通吴于上国"。当吴强大起来以后，楚为对付吴国，又采用晋人故技，联络越人以制吴。《左传》昭公五年"楚子以诸侯及东夷伐吴……越大夫长寿过帅师会楚子于琐"，是越助楚伐吴之始。鲁昭公二十四年，《左传》复又记载越公子及大夫帅师从楚伐吴，可见越之始兴实亦伴随着与楚联合伐吴的军事行动。

吴之始兴在吴王寿梦时期，自寿梦，历诸樊、余祭、余昧，至王僚，前后数十年间，吴一面与晋等中原华夏国家通友好，一面坚持与楚为敌，夺取了原属于楚的州来 (今安徽凤台)、钟离 (今安徽凤阳北)及巢 (今安徽寿县南)，扩地至今淮水中游。至吴王阖闾之时，迁都姑苏 (今江苏苏州)，又灭掉了徐国 (今江苏泗洪一带) 与钟吾 (今江苏宿迁东北)，据有今整个江苏省。徐为群舒之首，具有悠久历史文化，其被灭于吴，给各国以很大震动。时值楚国发生内乱，楚臣伍员逃亡至吴，向阖闾建议分派三师军队，袭扰楚人，致使楚境"无岁不有吴师"，楚人疲于奔命。公元前 506 年 (鲁定公四年)，阖闾按照事先计划，出动大军溯淮而上，联络蔡、唐二国之师，与楚军大战于柏举 (今湖北麻城东北)。楚师大败，吴军乘胜追击，历经五战，攻入楚郢都 (今湖北江陵)。楚昭王亡入云梦泽 (今洞庭湖)，直到第二年楚大夫申包胥从秦国借来救兵，与楚残卒合力击退吴师，才得以回到楚都。经此一战，楚元气大伤，不复有力量参与中原争霸了。

🔘 吴越图霸斗争

弭兵之会后，由于中原各主要国家及南方楚国多卷入内部公室与卿大夫，或卿大夫之间的权力斗争，已无暇外顾，这给了东南方兴起的吴、越二国展示其武力，进而插足中原、争夺霸权的机会。吴、越的武力扩张及其图霸斗争，构成了春秋后期国际政治斗争的又一道主要的风景线。

阖闾因破楚入郢而声威大震，被后人视为春秋一大。但阖闾实际上并没有取得盟主的地位，真正北上中原图谋霸业是他的儿子夫差。

当吴阖闾率领大军破楚入郢之时，越王允常乘吴后方空虚曾起兵攻入吴国。鲁定公十四年，允常去世，子勾践继位，吴乘机伐越，双方战于檇李（今浙江嘉兴西南），不料为越所败，阖闾伤脚趾而死。夫差继位，立志报仇。于公元前494年（鲁哀公元年）再率师伐越，败之于夫椒（今浙江绍兴北），勾践仅以甲士5000退保于会稽（即越都，今浙江绍兴）山上，卑辞请和。夫差以为越从此不足为吴患，竟然允许越国请和，转而北上谋取霸权。于是伐陈，服鲁，服宋，筑邗城（今江苏扬州北）而沟通江淮，率师北进，败齐师于艾陵（今山东泰安南），然后于鲁哀公十三年会晋定公于黄池（今河南开封南），与晋争做盟主，一时间大有取诸霸主地位而代之之势。

吴胜越以后，自以为从此没有后顾之忧了，于是一心想到中原和晋、齐试比高下。公元前486年，吴人在邗（今江苏扬州附近）筑城，又开凿河道，将长江、淮水接连起来，开辟出一条通向宋、鲁的水道，进逼中原，在其压力下，鲁、邾等国纷纷臣服。公元前485年，吴派舟师从海上伐齐；次年，又兴兵伐齐，大败齐师于艾陵（今山东莱芜），齐军主帅国书战死，吴俘获齐兵车八百乘。公元前482年，吴王夫差与晋、鲁、周等国会于黄池（今河南封丘）。在这次会上，晋与吴都争做霸主，晋由于国内内乱未止，故不敢与吴力争，使吴夺得了霸主的位置。

《左传》说夫差时，"吴日敝于兵，暴骨如莽"，又说他不恤民力，"视民如雠"。吴在争霸方面虽得逞，但连年的兴师动众，造成国力空虚。越王战败以后，不忘会稽之耻，卧薪尝胆，"十年生聚而十年教训"，越的国力渐渐恢复起来。而吴对此并不警惕。吴王为参加黄池之会，竟率精锐而出，使太子和老弱留守。越王勾践乃乘虚而入，大败吴师，并杀死吴太子。夫差闻讯匆匆赶回与越议和。吴长期的穷兵黩武，民力凋敝，难以和越对抗。公元前473年，越灭吴。

　　勾践灭吴之后，步吴之后尘,以兵北渡淮，会晋、齐诸侯于徐州。越兵横行于江淮以东，"诸侯毕贺，号称霸王"。《墨子》中说当时的强国是楚、越、晋、齐，"四分天下而有之"。在春秋末到战国初，越代吴成为长江下游的强国。

诸夏同诸夷的斗争与融合

华夏和戎狄蛮夷的关系

　　由于各地区经济文化发展的不平衡，春秋时居民中有华夏和戎、狄、蛮、夷的区分。各诸侯国经济文化上较先进而自称华夏，他们把较为落后的小国或部称为戎、狄、蛮、夷。有些戎、狄、蛮、夷居住在远离华夏的地方，但也有不少是和华夏紧密相连，或是错杂在一起的。

　　戎和狄主要分布在今黄河流域或更北和西北地区。北戎、山戎分布在今河北和辽宁等地。姜戎、陆浑之戎本在今甘肃一带，后来被迫迁徙到今豫西。在周的南面有扬拒、泉皋、伊洛之戎。另外，鲁的西境以外也有戎人，在卫都的城墙上可以望见戎人的村落，晋国的周围都是戎狄人，故《左传》说："晋居深山，戎狄之与邻。"

　　狄分为白狄、赤狄和长狄。白狄在今陕西一带。白狄别种的鲜虞、肥、鼓则在今河北的西部、中部。赤狄中有潞氏、留吁、铎辰、东山皋落氏、咎如，都分布在今晋东南一带。长狄之名见于《左传》，具体情况不详。

夷分布在今山东、安徽、江苏北部一带。莱夷在齐的东面，淮夷分布在淮河中、下游。《左传》中提到东夷，《论语》中提到九夷，大约都是居住在今山东一带的夷人。见于《左传》的小国介和根牟，即东夷人所建立。诸夷中以淮夷为最强大，并不断和鲁发生冲突。《诗经》的《泮水》，即为歌颂鲁僖公战胜淮夷而作。淮夷还参加楚主持的盟会，又随楚伐吴。莱夷和齐是世仇，《左传》中齐伐莱的记载甚多，最后为齐所灭。

群蛮和百濮居于楚之南。楚与晋战于鄢陵，蛮人也出兵随楚。濮在江汉之南，或说在今云南一带。

据古书记载，戎狄多为"披发左衽"。《左传》说姜戎"饮食衣服不与华同，货币不通，言语不达"。这种生活习惯、礼俗、语言的差异，把戎狄和华夏区分开来。自然，差别并非都标志着民族的不同。如戎人中有姜姓、姬姓之戎，显然他们和周人本为同族人，只是出于历史或文化的原因，使他们分道扬镳。尽管戎狄和华夏在文明程度上有差距，但这对彼此交往并无太大妨碍，如周王曾娶狄女为后，晋献公、文公都娶戎族女子为妻。

春秋早期，戎狄势力很盛，中原的华夏诸小国受其威胁较严重，即使晋、齐等大国也经常要遭到戎狄的侵袭。从春秋中期开始，华夏各国有了较大发展，特别是通过称霸而相互联合，增强了对戎狄的防御能力，不少的戎狄渐被华夏所征服。如在今山西、河北境内的赤狄、白狄大部分为晋所灭，齐灭莱夷，秦灭掉西戎的小国，楚国吞并了数量甚多的蛮人或濮人的小国。由于各族长期和华夏聚居在一起，经过不断的相互影响，文化礼俗等方面的差别日趋减少。到春秋末年，原来散居于中原各地的戎狄蛮夷差不多都已和华夏融合在一起了。

春秋夷夏斗争与融合

春秋夷夏斗争与融合是西周夷夏斗争与融合的继续。同前一个时期相比，此期夷夏斗争与融合在深度上及广度上均大大超过了从前，可以说，春秋时期是我国民族斗争与融合的一个高峰期。我国主体民族华夏族就是在春秋民族斗争与融合的基础之上形成的，这无疑在我国民族史上具有十分重要的意义。

春秋时期的夷夏斗争是以几个大国为中心展开的，并且在大多数时间（春秋初期除外）是与几个大国的"启土"政策联系在一起的。

春秋初年，由于王室衰微，诸夏各国失去了统一号令，相互间又不断进行兼并战争，给了蛮夷戎狄以驰骋发展的机会。其最引人注目者，一是晋东南地区的赤狄，一是南方的楚国。赤狄位于晋国与周、郑、卫、邢诸国之间，曾被晋人视为与秦、齐、楚几个大国势力相侔的强敌。它大概在这个时候实现了某种形式的部族联合，于是乘中原混乱之际，东出太行，侵郑，伐齐，伐鲁，入周，灭邢，灭卫，给诸夏造成极大的威胁。楚国自西周以来便自称为"蛮"，"不与中国之号谥"，及至春秋初年，楚熊通更自立为王，伐随、伐邓，并吞申、息，屈服陈、蔡，直到屡次北伐中原的郑国。在此形势下，齐桓公、晋文公等一班霸主起而以"尊王攘夷"相号召，北伐诸戎，南拒强楚，总算维持住了诸夏各国的国祚不绝，从而使诸夏对蛮夷戎狄斗争的被动局面得以扭转过来。

嗣后，诸夏在对诸蛮夷戎狄的斗争中逐渐占据了上风。虽文献尚不时有某夷狄族人侵入诸夏某国的记载，但这种入侵为祸的程度远不如春秋初年，且各国对之亦多能加以制伏。如鲁文公年间至鲁宣公初年，赤狄的一支鄋瞒分别入侵鲁、齐、宋三国，结果便分别为三国之师所剿灭，其三个豪酋分别被杀或被俘获。又鲁僖公三十三年，白狄伐晋，《传》亦记晋人败狄于箕（今山西太谷东南），"获白狄子"。随着这种优势地位的确立，各大国竞相将蛮夷戎狄视作自己启土开疆的对象，开始采取各种手段兼并周围戎狄部族的土地和人民。

这里看得最清楚的是晋国对诸戎狄的兼并。早在晋献公时，就有人向献公建议说："狄之广莫，于晋为都，晋之启土，不亦宜乎。"但在春秋初年狄势方强的形势下，晋人的这个计划并未能付诸实施，其所兼并的对象实多为晋西南方向的诸姬姓小国，如韩、耿、霍、魏、杨、荀、贾、焦、虞、虢之类。殆自春秋中叶开始，随着狄势的转弱，也由于诸姬姓小国已为晋兼并殆尽，晋即将兼并的目标转向其东面及北面诸狄人的部落，而首先被晋人兼并的，正是春秋初年其势最盛的赤狄诸部。盖赤狄东出太行攻略中原诸夏的势头被遏阻以后，其内部的联盟便随之产生破裂，晋人抓住时机，一方面与北方的白狄达成妥协，另一方面对赤狄采取分化政策。《左传·宣公十一年》："晋郤成子求成于众狄，众狄疾赤狄之役，遂服于晋。"杜预注："赤狄潞氏最强，故服役众狄。"知晋人成功地将赤狄之为首者潞氏从众狄中孤立起来。鲁宣公十五年（公元前594年），晋师发起攻击，"灭赤狄潞氏。以潞子婴儿归"；接着，又在次年灭赤狄甲氏及留吁、铎辰；最后在晋景公十二年（前588年）伐灭最后一个赤狄部落，其土地、人民尽数纳入晋国的版图与人口范畴。鲁宣公十五年《传》文记晋景公赏灭狄的功臣荀林父以"狄臣"。这些"狄臣"显然是被灭赤狄的一部分。

齐国在春秋时期亦在很大程度上是依靠兼并夷人壮大起来的，其兼并的对象主要为居住在今山东胶莱地区的莱夷。莱为东夷种群中之大者，自周初以来一直与齐势相抗衡。《春秋》经、传于鲁宣公七年、九年暨鲁襄公二年皆记齐侯伐莱事，至襄公六年（齐灵公十五年，即公元前567年)，才记载齐最终灭掉莱国。莱国的被灭，使齐领土的面积向东扩大将近一倍，同时莱地的居民亦成了齐国的统治民。作于齐灵公时期的《叔夷钟》铭记灵公对伐莱之役中有功之臣叔夷发布的命辞，赐给他莱都某地下属的300个县（小县)，命其管理莱地；同时赐给他"造戈徒四千"，以作为他的"嫡僚"即嫡系部属；还赐给他"莱仆"250家，为其充当警戒之士。据研究，莱国被灭后，莱君及其部分遗民被迁往山东半岛东端今龙口一带，作为齐的附庸，号为东莱。不过，东莱的附庸地位也未维持多久，约当齐景公的时候，它即再度为齐人灭亡，这样，莱夷完全融入了齐的版图。

春秋时期，齐国还灭掉一些东夷小国，鲁国也灭掉了一些东夷小国，包括其附庸小国。另一个位于鲁东南的东夷大国莒的土地则分别为齐、鲁二国所瓜分。总之，东方诸夷至春秋末大多融入齐、鲁二国的版图，战国以后，便不复有原来意义的东夷了。

南方江汉及江淮地区诸蛮夷与诸夏的交融是同扩张及华夏化交织在一起的。楚本自号为蛮，但是随着它对诸夏国家的征服 (所谓"汉东诸姬，楚实尽之") 与交往，楚自身亦渐走上华夏化的道路。从春秋时期的文献可以看出，楚国统治者不但不拒绝，反而不断努力地吸收诸夏文化。楚国王室、贵族与诸夏联姻的例子不胜枚举，如楚文夫人息妫出自陈，楚共王妃巴姬娶自巴，郑文夫人毛娶自楚等。楚与诸夏通聘问自楚文王时即已开始，至城濮战前，楚已屡次参与中原之会盟。楚对诸夏礼乐文化亦甚倾注，鲁僖公二十三年 (前 637 年)，晋公子重耳过楚，楚甚礼之。《国语·晋语四》记此事说，"公子如楚，成王以周礼享之，九献，庭实旅百"，是知楚已习用周礼。楚贵族与诸夏之人会见时，亦喜与当时人们一样赋诗言志，其所引之诗为《大雅》《小雅》《周颂》，是亦表现楚人尚礼之习俗。文献还记载华夏之人因各种原因往投楚国，而楚皆欣然接纳之。如《左传》僖公二十六年记"(齐) 桓公之子七人为七大夫于楚"，此实际上是对中原文化的接纳。这样，到春秋中后期，楚与华夏之间在文化上的差异事实上已告消泯，楚对其他苗蛮族及淮夷的兼并事实上亦成了华夏文化对各地方土著的包容。

关于楚兼并蛮夷小国的情况，前述楚国在春秋的发展历程已有所涉及。今按清顾栋高《春秋大事表》卷 4 之"楚疆域表"及卷 5 之"列国爵姓及存灭表"分别计之，其为楚所灭掉的苗蛮族 (及可能属于苗蛮系统) 的国族有鄾、罗、卢戎、邓、百濮、蛮氏及郧、贰、轸、绞、州、蓼等，而为楚所灭掉的淮夷小国则有舒蓼、舒庸、舒鸠、宗、巢、六、英氏及江、黄等。盖苗蛮近在江汉流域，其被楚灭亡的时间稍早 (蛮氏除外)，群舒等淮夷小国则多灭于春秋中期。大致到春秋晚期以前，楚国已将从江汉到江淮间广大地区诸夷夏部族全囊括进了自己的版图之中 (蛮氏至春秋末年乃灭)。

在西方，秦国亦成了原宗周畿内民族融合的中心。如前所述，周平王曾允诺秦人："戎无道，侵夺我岐丰地，秦能攻逐戎，即有其地。"嗣后，秦即在关中地区展开了对诸蛮夏的兼并与融合。约作于秦武公时的《秦公钟》铭称武公自己"康奠协朕国，盗百蛮，具即其服"，即取得了百蛮对秦的服从。比这稍晚的《秦公簋》铭则称秦的历代祖先"严恭寅天命，保业厥秦，兢（协）事蛮夏"，即使秦境内蛮夏各族互相协和。看来，秦人并未简单采取将戎人逐走了事的做法，而使其与周余黎民和谐相处于自己的统一号令之下。文献记载秦人对戎人的战争略而不具，《史记·秦本纪》于秦穆公称霸西戎的战争亦仅言"秦用由余谋伐戎王，益国十二，开地千里，遂霸西戎"，而于所伐戎王及所开戎地未能确指。观战国时期秦仍有对义渠的战争，则秦所经营的范围似仍以关中地区为主。

这样，到春秋战国之际，我国黄淮江汉的广大地区，可以说基本上实现了各部族的融合。

华夏民族的形成

华夏民族的雏形

一、多姓族的周朝是华夏民族的基本雏形

大约从公元前 21 世纪到前 8 世纪中叶，在黄河中下游，夏人、商人、周人相继兴起，建立国家，并通过三代，融为一体，以夏为族称，又称中国。复经春秋战国的民族大迁徙与大融合，夏又称华，或合称华夏，已发展成为一个稳定的民族共同体。

黄河中下游两大新石器文化区系文化上的统一及炎黄两昊诸部

落集团的融合，形成了夏人、商人、周人三族。它们发源与兴起的地区虽然不同，祖先传说各异，而三族文化特征大体相同；它们祖继兴起与建国，三代交递，到西周已融为一体，它们是华夏族的三支主要来源。

古往今来，中华民族的形成过程，就是在华夏大地上繁衍生息的各民族相互接触、相互融合的过程。中国历来是一个姓氏众多的国家，周人以少数人群入主中原，统治范围曾包括今黄河、长江流域和东北、华北的大部地区。为有效地控制四方领土，周人以姓、氏、宗、族建礼法制度，分封诸侯，经几代征伐，百年磨合，终于将不同姓氏的宗族凝聚在了一起，为后世大汉民族的产生打下了牢固的基石。

早在商代，商人为有效地控制中原地区，一方面以法律与王权集中掌握资源，另一方面通过婚姻等方法，与各地诸侯国和藩邦建立起了庞大的姓氏宗族关系；使姓氏宗族、法律与王权相辅相成，成为商王朝统治四方的有效手段。当时，姓氏宗族的含义与今天不同，各自具有相应的含义。姓是指同祖的血缘集团，氏则是政治性的单位，同时也是姓的分族，宗是宗法制度下，按祖先祭祀的礼仪特权分级的序列，而族是指在同一旗号下的军事战斗单位。在商王朝的王畿以外，是与商王朝保持隶属、友好或敌对关系的各姓方国。这些方国在卜辞中称为多方，有30多个，如周方、羌方、鬼方、土方、召方、盂方、人方等。他们都有不同的姓氏，周为姬姓、羌为姜姓、鬼为魄姓、召为子姓 (也可能是姬姓)、人为风姓……由此可见商的政治势力，仍以"姓"为国家的基础，其中再分出若干氏或族。

在立国前周国的地位只是商的附属，其国家基础也是以"姓"为纽带。牧野克商后，周人为维护其统治，先对商王朝过去的方国进行了一番征伐，以扫除各方国对新兴西周政权的威胁。《逸周书·世俘解》是西周时期人留下的记录，其中说武王在牧野之战后的第六天，就命召伯等西周将领率军对商王朝周边各方国进行了剿伐。到牧野战后的第四十二天，各将领先后凯旋，献上了战俘，俘虏竟然多达几十万，这在当时可不是一个小数目！

周王朝建立后，周人进一步吸收继承了商王朝文化，发展了商人的姓氏宗族制度。这就促使在西周时期，姬姓周人与子姓殷人的交融在各姓部族中走在前列。

西周立国，周人为了能控制殷商遗民，容忍了商王室的残余势力继续存在。如武庚授封和后来周公封微子于宋等史实，都是在周商两姓相互融合这一社会背景下出现的。

武庚策反"三监"叛乱与周公的东伐则是在大融合背景下姬姓与子姓两姓宗室矛盾的突出表现。西周铜器铭文中铸刻着颇多东征之役的记载，这些记载也从侧面佐证了西周姬姓与殷商子姓之间在西周初年存在着相当的矛盾。如1924年凤翔出土的里方鼎就有"佳周公于征伐东夷"的铭文，证实了周公东伐的历史可靠性。武庚策反"三监"叛乱后，周公为彻底解除殷商友邦与其他方国势力对西周王朝的威胁，对外征伐的战线拉得很长：北到梁山，南到淮上，由殷商王畿往东，张开成一个扇形，包含了今山东及其南北邻近诸多地区。参与这次大规模征伐的西周将领主要是周公、召公及太公姜尚的儿子。三年的战事对新王国是一次严峻的考验。战事过后，周公采取了一系列的措施以充实周王国的凝聚性。具体方略包括完成了武王的遗愿，建立了东都成周和分封了大批姬姓与姜姓诸侯，使姬、姜两姓的宗族控制了全国的卫、鲁、晋、燕、齐等战略要地，为周王朝的长治久安打下了稳固的基础。经过周公的一番调整后，周人与东土的各姓部族迅速糅合成为一个文化政治体系，逐渐形成了一个国族——华夏族。殷商时期，殷人只是自称为大邑，却没有"华夏"观念。而经过周人的军事与政治策略，周王朝内的各封国都自号华夏，成为了当时中华大地上的主干民族。

在西周时期，周朝所控制的核心地区居住的是渐渐融为一体的周商子民。而在周王朝统治的边缘地区，周人与其他若干古老的族群相互影响，描绘出另外一幅交融并合的画面。在中国历史上，各民族人名的读音，一是译义，另一种则是译音。西周时期的古代族群以这种方式分为两大类。一族群是姬姓、姜姓和子姓，人名都有意义可循，所代表的是商周交融的族群，是华夏文明的主干。另一族群的人名，在史书上记录时都是译音，今天我们已经不知道其名字的实际意义。归结到这一族群的人，多生活在当时周王朝统治的边缘地区。如己姓、董姓、彭姓、秃姓、坛姓、曹姓、斟姓、芈姓、嬴姓、偃姓、盈姓、姒姓、弋姓等都属于这一类。其中己、董、彭、秃、坛、曹、斟、芈八姓应是祝融的后裔，嬴、偃、盈诸姓属于徐偃集团，姒、弋等姓则是夏人后代。再加上南方的吴越与北方的戎狄，众多姓氏聚合在一起，构成了环围西周四方的各姓方国。

不同的姓氏代表着不同的文化传承。商、周文化主要源自于仰韶文化和龙山文化。己、董、彭、秃、坛、曹、斟、芈八姓的文化多系自祝融集团所代表的屈家岭文化圈。嬴、偃、盈诸姓的徐偃集团相当于是在大汶口文化下发展起来的东方沿海文化圈。夏后代，姒、弋诸姓秉承的是光社文化一系 (受龙山文化影响很大)。至于南方的吴越与北方的戎狄，其一是代表长江下游河姆渡以至良渚的文化系列，另一个则属草原文化。因为文化距离较大，周人对边缘族群无法采取与殷商地区完全相同的文化融合政策。大体上，周人仍是对各方国的土著族群采用融合为主的策略，但如果周人的怀柔政策受到对抗时，周人也将付诸武力。总之，西周以姓氏宗族为纽带，结束了商王朝时期原始小邦林立的局面，是中华大地上的各民族凝聚共生的关键转型时期。可以说，没有西周，就没有以后的中华民族。

二、民族雏形的出现

由部落联盟向国家过渡的过程，就是民族开始形成的过程。夏、商、周三个王朝相继兴替，形成了中华民族历史上最早的国家，也促成夏人、商人、周人的融合，三族到西周时已融为一体，具备了民族的基本特征。

夏、商、周三族起源与兴起的地区不同，祖先来源各异，但商、周两族，都认为其祖先起源与兴起的地域是大禹所开拓的"禹绩"，即在大禹奠定的疆域之中。

《诗·商颂·长发》说："濬哲维商，长发其祥。洪水芒芒，禹敷下土方。外大国是疆，幅陨既长。"商人歌颂其先公之德已久发祯祥，在大禹战胜洪水布土下方以奠定疆域时，就已有了王天下的萌兆。《商颂·玄鸟》说："古帝命武汤，正域彼四方，方命厥后，奄有九有。"歌颂有神武之德的大乙汤，受天帝之命奄有九州，遍告诸侯，为政于天下。《商颂·殷武》又说："天命多辟，设都于禹之绩，岁事来辟，勿予祸适，稼穑匪解。"是追叙成汤征服四方以后，对四方诸侯宣告：天命众多诸侯（多辟），设都于禹绩，你们要按岁来朝觐（来辟），不要以为勤民稼穑就可以解脱不来朝觐的惩罚。可见商人是承认其祖先起源与统治区域都属于禹绩的。周人在建立周朝以前，也已认定周所处的西土是"禹绩"。《诗·大雅·文王有声》说文王作丰邑，"丰水东注，维禹之绩"；《大雅·韩奕》《小雅·信南山》也歌颂梁山、南山都是"维禹甸之"。《逸周书·商誓》追叙："昔在后稷，惟上帝之言，克播百谷，登禹之绩。"

周人又称其兴起的西土为"区夏"。《尚书·康诰》说："惟乃丕显文王，克明德慎罚……用肇造我区夏，越我一二邦，以修我西土。"是说文王以修德爱民，团结了周围一二邦，开拓了西土"区夏"。这区夏，是古今语法词序的倒置，即为夏区。又可称为"有夏"或"时夏"。"有"为语助词，"时"即"是"，即"这个"。这些地域称谓都是指保持夏文化的地方。周人以夏文化继承者自居，并以此为号召以区别于东土之商。

在周朝建立以后，周人即肯定天下都是禹绩和夏区了。《尚书·立政》记述周公告诫文王子孙："其克诘尔戎兵，以陟禹之迹。方行海表，罔有不服。"

按照三代的封疆，禹绩和夏区是不断扩大的。吴起曾说，"夏桀之居，左河济，右泰华，伊阙在其南，羊肠在其北"。北至今山西省太原市，南至以嵩山为中心的河南中部，西有扈氏已达关中，东有莘氏、有仍氏、有穷氏、有鬲氏等处古河济之间。商朝建立以后，都城屡迁，大体是前期以今郑州市商城遗址为中心，后期以今安阳殷墟为中心。以王畿与四土而言，比较稳定的商朝疆域北至易水、燕山，南至淮河，东至泰山以西及鲁北，其晋南、豫西原夏朝中心仍在商疆域范围之内，最西已达关中平原，渭水中下游。燕山地区有孤竹国（今河北省卢龙县南），大概是商人在起源地区的残存；长江沿岸今湖北黄陂盘龙城的商前期城邑遗址，赣江沿岸江西清江县吴城村商聚落遗址，可能都是不同时期商朝在长江流域的军事据点，目的在于攫取南方的铜和龟甲等类商既需要而又紧缺的物资。

周朝王畿以镐京（今西安市长安区西北丰镐村附近）和雒邑（今洛阳市东北郊）为中心地区。诸侯四方，在武王克商之后，封兄弟之国15人，姬姓之国40人；周公东征以后，立国71年，姬姓独居53年。周之宗室贵族分封为周初分封的主体。周朝在灭了许多旧国之后，将姬姓诸侯分东、北、南三个方面布局，主要为了镇抚商遗民，同时也兼制东夷和未服的戎族。其东向沿黄河两岸伸展，黄河北岸有虢（今山西省芮县城北）、虞（今山西省平陆县东北）、单（今河南省孟州市西南）、邘（今河南省沁阳市北）、原（今河南省济源市东南）、雍（今河南省焦作市南）、凡（今河南省辉县西南）、共（今河南省辉县）、卫（今河南省淇县）；河南岸有焦（今河南省陕县）、北虢（今河南省陕县东南）、东虢（今河南省荥阳市北）、祭（今河南省荥阳市西北）、胙（今河南省延津县北）；再往东有曹（今山东省定陶县西北）、茅（今山东省金乡县西北）、郜（今山东省武城县东南）、极（今山东省金乡县东南）、郕（今山东省宁阳县东北）、鲁（今山东省曲阜市）等。往北沿汾水两岸有耿、韩、郇、贾等国，而虞叔封于唐（今山西省翼县城西）；太行山以东，卫之北有邢（今河北省邢台市）、燕（今北京市），已深入商人起源与初兴之区。在黄河以南的广大地区，有应（今河南省鲁山县东）、蔡（今河南省上蔡县西南）、息（今河南省息县西南）、蒋（今河南省淮滨县东南）。息、蒋跨淮水为封城。更有"汉阳诸姬"及随（今湖北省随州市）、唐（随州市西北）、曾（南阳盆地南部）。长江下游也有了宜国（今江苏省镇江市一带）。

除了姬姓诸侯，周也封了一些异姓诸侯，主要是姻亲和功臣，其中最显赫的是姜姓。姜出于炎帝集团，世与姬姓通婚，由于文王的祖母太姜的缘故，封了申、吕、齐、许等国。尤其是吕尚，不仅是周的开国元勋，又是武王妃邑姜之父，封于齐，都临淄（今山东省淄博市东北），版图很大，权力也很大。"东至海，西至河，南至穆陵，北至无隶"，即今山东北部、河北南部、河南西北部的东夷各国及商遗旧国都由齐国监督，与周公的封国鲁国在东方诸侯中处于同等重要地位。其他姜姓诸国：许（今河南省许昌市）、申（初封大概在今河南省信阳市，周宣王时又移封申伯于谢邑，在今河南省南阳市东谢营）、吕（今河南省南阳市西）、纪（今山东省寿光市东南）、州（今山东省安丘市东北）、向（今山东省宫南市东北）。舅姓诸侯还由于文王的母亲太任的缘故封了任姓挚（今河南省汝南县）、畴（今河南省鲁山县东南）。任姓薛国（今山东省藤县东南）原是夏、商古国，西周继续受封，此外还有铸（今山东省肥城市甫）、郭（一说姜姓，今山东省东平县东）等。又追踪周以前先王之后，封黄帝之后于蓟（今北京市境），帝尧之后于祝（今山东省肥城市境），舜后虞胡公封于陈（今河南省淮阳市），周武王还以长女大姬嫁虞胡公。又因文王妃、武王母大姒的缘故封了夏禹之后姒姓杞国（今河南省杞县）。对于商，周武王克商之初，封纣嫡子武庚以继商后，周公东征，武庚被杀，又立武庚庶兄微子于宋（今商丘市），亦可称之为商。

以上西周所封同姓与异姓诸侯，同称为夏，号为诸夏，并以原商朝统治中心地区称为东夏，诸夏又号为中国，以与夷狄相对称。这样，便构成了华夏民族的雏形。

华夏民族的最终形成

春秋时期我国黄淮江汉各古老部族互相融合的结果，便是我国主体民族华夏族（即今汉族）的形成。

经过西周、春秋数百年间诸夏、诸蛮夷戎狄及其他中原旧族的交融，我国黄淮江汉广大地区已基本结束了众多氏族部落并立于世的局面。到春秋战国之交，这一地区的居民都已集合在一个单一的华夏族的名号下面，而不再有诸夏与诸蛮夷戎狄的区别。原在这一地区与诸夏错居杂处的蛮夷戎狄，大部分与诸夏共同融汇入华夏民族中，小部分则迁往了边远地区，与别的居住在边远地区的少数部族相结合，而成为真正的"四裔"。战国以后，人们已不再谈论各国的氏族宗姓，相反，却开始谈论起"四海之内皆兄弟"的道理。用恩格斯的话说，在黄淮江汉广大地区，已实现了"各个部落领土融合成一个民族的共同领土"。虽这个时期还存在着几个诸侯国的割据，但那只是封建性的政治割据，而不是不同部族的对立。换句话说，战国时期各诸侯国的所有土地，都是华夏民族活动和居住的共同地域。

当然，结束各氏族部落并立于世的局面，还意味着这一地区的居民打破氏族间的血缘壁垒，而最终实现按地区行政组织对居民的划分。

除共同地域以外，华夏居民拥有共同语言也是无疑义的。许多文字学家早已指出，春秋时期，我国北起幽燕，南到江淮和江汉，西起秦陇，东到齐鲁，各国所使用的文字在字形结构、音韵识读、字义辨析诸方面，都显示不出大的差别。文字是语言的记录，因此说华夏居住的广大地区拥有共同语言这一点，应是无可怀疑的。如果说春秋早、中期这一地区个别外迁来的戎族 (如姜戎氏) 尚有与诸夏"言语不达"的情况，那么，随着以后这些少数部族的最终融入华夏，这种情况亦当趋于消泯。据《左传》，其时这些少数部族的首领有的已具有很高的华夏语言文化的修养。如上引姜戎氏的首领戎子驹支，其在与晋执政范宣子的对答之语中，竟也能操着当时一般华夏之人的礼节，"赋《青蝇》而退" (《青蝇》为《诗·小雅》中的篇名)。这表明诸戎接受华夏共同语言只是早晚之事。

谈到华夏族所具有的共同经济生活，首先应强调的一点便是华夏居住区域都已进入了铁器时代。其时在春秋时期，铁器的发现已遍及周、晋、齐、秦、燕、鲁、郑、楚、吴、越等国统治的地区，要说到春秋战国之际还有哪个国家和地区没有使用上铁器，那是说不过去的。与此相联系，华夏之民，包括融进华夏的蛮夷戎狄族居民，都基本上采取了农业定居生活。事实上，一些戎狄族居民在并入华夏之前就已是实行的农业定居生活，如赤狄与晋南鄙的姜戎氏。过去一些学者一概把他们视作"游牧族"，是不对的。在此基础上，华夏地区基本的经济联系也建立起来了。自春秋中期晋地及东周畿内出现了我国最早的一批金属铸币"空首布"之后，到战国时期，各地各种形式的金属铸造便广为流行。同时，一大批个体商人开始活跃在社会经济生活的舞台上，各地区的商业联系亦建立起来了。《史记·货殖列传》说春秋战国之际的商品流通形势云："陶（今山东定陶，战国初宋地）为天下之中，诸侯四通，货物所易也。"凡此，均是华夏族拥有共同经济生活的证据。

至于华夏族共同的民族心理素质，其在当时文化形态上最显著的表现，应莫过于华夏之人对于传统礼乐文化的认同。前述华夏族的族称在春秋中后期取代诸夏的称呼，即很说明问题。上引《孔疏》中的"中国有礼仪之大故称夏，有服章之美谓之华"一语，学者以为它体现了华夏之人对于自己礼仪文化的优越感，亦是华夏族所具有的民族意识的一种反映。不过这种"民族意识"和文化优越感，只是华夏民族形成时期，即华夏族称出现以后的事情。在这之前，特别是在周初诸夏刚产生不久的时候，那构成诸夏主体的姬周族人似乎还体会不到自己的"礼仪之大"和"服章之美"，因为那时他们的文化水平尚不见得比被他们征服的商人和东夷族人来得高。诸夏之取得文化上的优势是在以后凭借着自己在政治上的主宰地位及长期居于中原的环境优势逐渐形成的。后来，当诸夏凭借着自己的政治文化优势与其他中原旧族融为一体以后，人们把诸夏的礼仪文化奉作整个华夏民族的共同文化，就是十分自然的了。

总之，到春秋战国之际，我国黄淮江汉广大地区居住的古老部族已走完自己的历史，由它们共同熔铸成的华夏民族以其崭新的姿态出现在世界的东方。

第三章

战国时期那些事儿

三家分晋被视为春秋时期和战国时期的分水岭。自此，战国七雄并立形势形成。中国的春秋时期就此结束，战国时期开始。战国七雄并立形势形成之后，各国开始变法图强：魏国李悝变法、楚国吴起变法、齐国邹忌改革、秦国商鞅变法、赵国武灵王胡服骑射。由于战国时期战事酷烈，诸侯各国都注重采用"合纵"与"连横"的谋略，也是这一历史阶段的醒目特点。

七雄并立形势的形成

七雄并立前的形势

春秋晚期，晋国的政权被不是公族的赵、韩、魏、智、范和中行氏六家大夫把持，他们之间不断地互相兼并。先是联合起来的赵、韩、魏、智四家消灭了范氏和中行氏，紧跟着，韩、赵、魏三家联手将智氏消灭。公元前403年，事实上已经毫无实权的周威烈王被迫正式承认他们的诸侯地位。于是，韩、赵、魏三家分晋，各自成立国家，与原来的秦、齐、楚、燕四大国一起，并称战国七雄。三家分晋被视为春秋时期和战国时期的分水岭，是历史上具有划时代意义的重大事件。

中国的春秋时期就此结束，战国七雄之间的争霸渐渐展开，而中国也开始了由奴隶社会向封建社会迈进的步伐。

从整个战国的形势来看，主要有秦、楚、齐、赵、魏、韩、燕等七个大国在进行着相互间的兼并战争，它们被称为战国七雄。七雄并立的形势是在战国前期逐步确立的。

战国初年，文献记载当时中国的"天下"实有赵、魏、韩、齐、秦、楚、燕、越等八个较大的国家，以及宋、鲁、郑、卫、周、中山等十余个小国，周边地区则有肃慎、东胡（东北方向）、代戎、林胡、楼烦（西北方向）、义渠、绵诸、獂、衍、乌氏（西方）、蜀、巴、滇、夜郎（西南方向)、百越（南方）等少数民族或少数民族建立的国家。

八个大国中，赵、魏、韩是由春秋时期的晋国分离出来的，号称为"三晋"。其时晋国名义尚存，但只保有绛 (今山西曲沃)、曲沃 (今山西闻喜) 二邑，形同三国的附庸。

公元前 403 年，韩、赵、魏三国借口伐齐讨平齐乱，迫使周威烈王封自己为诸侯。到公元前 369 年，已沦为附庸的晋国最后一位国君桓公最终为赵、韩二国所废，晋绝祀。在这段时间内，赵、魏、韩三国趁着过去晋国的余威，各自大大发展了自己的势力。

战国七雄的形成

赵国初分晋国时的疆域大致包有今山西中部吕梁山以西至黄河东岸的部分地区，以及山西省北部和东南部的部分地区，逾太行山并领有今河北省的南部，以及今山东、河南两省与河北交界处的一小部分地区。始都晋阳 (今山西太原西南)，继都中牟 (今河南鹤壁西)，后迁邯郸 (今河北邯郸)。与其接壤的国家，西边是秦国，南面是韩、魏、卫三国，东南为齐国；与其接壤的少数民族或少数民族国家，东北面是中山，西北方为林胡、楼烦，正北面则是代戎。但是赵国在甫入战国后就顺利地对代戎实行了兼并。（按：代戎位于今山西东北与河北西北部交界之处，又称为"代狄"，乃白狄族建立的国家。）《史记·赵世家》记赵襄子伐灭代戎之事云：

襄子姊前为代王夫人。简子既葬，未除服，北登夏屋，请代王，使厨人操铜枓以食代王及从者。行斟，阴令宰人各以枓击杀代王及从官，遂兴兵平代地。

赵襄子为三分晋国的赵国第一位国君，其伐灭代国使用了阴谋手段，代地并入赵国，大大地扩展了赵国的领土范围，使其疆域向北直深入到今河北张家口以北的张北地区。代地出产良马，这对于加强赵国军事力量亦有重要作用。

魏国初期的疆域主要有今山西省南部的大部分地区、河南省的北部，以及今河北省南部、山东西北部与河南省交界的部分地区，国都

安邑 (今山西夏县)。其东、西、南、北分别与齐、秦、韩、郑、赵、卫等国接壤。魏在战国初年国势最强,其领土扩张亦引人注目。首先是魏文侯时期北向对中山国的占领及西向伐秦之举。中山国为白狄族所建,并是战国少数族在中原建立的唯一国家,春秋时称作鲜虞,在今河北省中部靠近太行山东麓一带。其与魏中间隔着赵地。魏欲侵伐中山的原因不得而知,或是魏为战国初年的霸主,中山有对其"不敬"之处而招致讨伐。史载魏文侯为伐取中山曾向赵假道,赵烈侯以为魏伐中山,必不能越赵地而长期占有之,"是用兵者魏也,而得地者赵也",遂允之。文侯派遣乐羊为将,经三年,至公元前406年而终于灭掉了中山。嗣后,文侯命太子击为中山君 (后改命少子挚),使李克为相,并封乐羊于中山灵寿 (今河北灵寿)。在这稍前,文侯还任用吴起为将,向西进击秦国,占领了黄河以西直到北洛水之间的河西地区,并在那里设立河西郡,命吴起为郡守加以镇守。继文侯之后,魏武侯掉头向南方发展,夺取了郑、宋、楚三国间大片土地。特别是公元前391年,魏率三晋联军大败楚师于大梁 (今河南开封)、榆关 (今河南中牟南),并从而占领了大梁,这就为以后魏将都城东迁到大梁打下了基础。

韩国在三晋中较弱,其初分得晋国的土地亦较狭小,大致有今山西省东南部和今河南省中部、西部的部分地区,都阳翟 (今河南禹县)。西与秦接壤,北与魏邻,南与楚、郑相邻。然尽管如此,韩也一直图谋着扩张自己的领土,其所窥视的对象主要为与它相比邻的郑国。郑于战国初年为小国,但仍有一定实力,并借重与魏国的关系与韩相抗衡。韩不断蚕食郑国的领土,于公元前408年攻取了郑的雍丘 (今河南杞县),又于公元前385年攻取了郑的阳城 (今河南登封东南),并最终趁魏与楚交战无暇他顾之机,于公元前375年灭掉了郑国。郑的被灭使韩的实力大大加强,韩将国都迁移到郑 (即今河南新郑之郑韩故城),从而奠定了自己在战国七雄中的位置。

齐向为东方大国,其在战国初年拥有今山东省的东部、北部和西北部,并兼有今河北省东南部的一小部分土地,国都仍为临淄 (今山东临淄)。其领土北与燕接，西与赵、卫相接，南与鲁、越及莒、杞等小国交错相接。田氏得齐国政权后，更加紧了对鲁、卫等国的侵夺。公元前412年，齐攻取鲁国的莒，直到安阳 (今山东阳谷东北)；次年，又攻鲁，取其一都；后三年，再伐鲁，取鲁郕邑 (今山东泗水西北，即鲁孟孙氏之私邑)；又次年，攻取了卫的贯丘邑 (今山东曹县西)。公元前394年，齐再攻鲁，取鲁之最 (今山东曲阜南)。这样，在入战国后不久，齐的版图就已扩张至鲁国的西部，而直接与魏接壤。鲁则被刻削成一个仅有数邑的弱小之国了。

秦在战国初年领有今陕西关中之绝大部分地区以及甘肃东南一小部分地区，都雍 (今陕西凤翔)。东与韩、魏相接，东南与楚相接。其周围有少数国族，泾、漆二水以北有义渠、朐衍、乌氏诸戎，陇山以西有绵诸、糠诸戎，东面接近河曲的地方，仍有大荔、之戎活动于其间，而在其西南方向，隔着秦岭，则是蜀人控制的地域。以上戎族，多属于氏羌族系。秦于战国初年社会发展较迟缓，屡遭东邻魏的侵伐，但在对周围少数民族的斗争中，却不断取得胜利。

公元前461年，秦厉共公以兵二万伐大荔，取其王城 (今陕西大荔东南)。王城为大荔戎王所居之城，盖大荔此年即为秦所灭，其部民亦从此沦为秦之属民。《史记·六国年表》于秦孝公二十四年 (前338年) 记秦大荔围合阳，知大荔之人后犹有从秦以攻伐魏之合阳者。对于诸戎中另一支较为强悍者义渠，秦亦于公元前444年对其进行讨伐，"虏其王"。此外秦还于厉共公及秦惠公时两次对绵诸戎进行征伐。在这两次征伐后，文献不再有关于绵诸戎的记载，知绵诸亦为秦所兼并。在西南方向，秦似亦展开了经略，《史记·六国年表》于秦厉共公二十六年 (前442年) 栏下记"左庶长城南郑"，南郑即今陕西汉中，表明秦已经略至此，并筑城以备南方的蜀人。凡此，皆见战国初年的秦国仍不失西方大国的身份，并其势力亦在不断扩张。

楚在战国大部分时间内所拥有的疆域都是列国中最大的，战国初期亦是如此。其时楚所领有的疆域包括今湖北省的全部、河南省的南部，湖南、江西、安徽等省的北部，以及陕西东南之一角和苏北的一部分地区，都郢 (今湖北江陵纪南城)。西北与秦接界，北与韩、郑、宋诸国接界，东与越接界，西面是巴、蜀两个非华夏国族。尽管如此，楚仍不断致力于拓张其疆域。楚惠王四十二年 (前447年)，伐灭了位于今安徽寿县北的小国蔡，接着往东北方向发展，深入至今鲁中南的泗水流域，两年后灭亡了杞国 (今山东新泰)。后14年，楚简王又伐灭了莒国 (今山东莒县)。《史记·楚世家》称"是时越已灭吴而不能正江、淮北；楚东侵，广地至泗上"，正是对楚这段时间对淮泗地区扩张的一个总结。之后，吴起相悼王，又曾对南方进行经营。《史记·孙子吴起列传》记其时楚"南平百越，北并陈蔡，却三晋，西伐秦"，所谓"百越"；《战国策·秦策三》作"扬越"，当指今湖南、江西南部与广东、广西交界的一些地方。是楚之版图，已远远超过列国中任何一个国家的疆域。

燕在战国七雄中实力较弱，在战国初年拥有今北京市和河北省的北部、中部部分地区，以及辽宁省的西南部，都蓟 (今北京市区西南)。西面与南面大部分边界与赵相接，小部分与中山相接，东南面与齐相接，东北面则是东胡部族。同整个西周春秋时期的情形一样，燕在战国初年几无事可称，然考虑到其疆域仍相对辽阔，并其以后在战国舞台上的表演，其为战国七雄之一的角色地位仍是不可否定的。

以上七国，在战国初年的历史变局中，都可以说站住了脚跟，其中多数并有所发展壮大，成为割据一方的大国。战国以后的历史即主要是由这七国来谱写的，它们的活动又都几乎与战国相始终，因而被人们称为战国七雄。

还有一个在战国初年忽然兴起的越国，初看起来似亦领土辽阔，霸气非凡。其灭吴之初，曾领有故吴、越二国所属之江苏南部及浙江北部，以及江苏北部和安徽东南的一部分地区，北与齐鲁诸泗上小国相接，西与楚接，"横行于江、淮东，诸侯毕贺，号称霸主"。然《史记·越世家》同时又称，勾践于北上会诸侯于徐州并获赐霸主之后，却又很快渡淮而南，"以淮上地与楚，归吴所侵宋地于宋，与鲁泗东方百里"，似乎并不以留驻中原，保持霸业为意。故《史记·楚世家》谓其"不能正江、淮北"。除《史记索隐》引《纪年》记越王朱句时曾有伐灭小国滕、郯之举外，《史记》几乎没有提到越参与中原地区的兼并战争，唯记王吴疆之时，越欲兴兵伐齐，齐威王遣使说越王转而伐楚，结果楚威王怒而伐越，大败越，杀王吴疆，越以此散亡。可见越不仅未曾插足中原的兼并战争，且早早地离开了战国历史舞台。或引今本《竹书纪年》及《吴越春秋》等书，谓越曾徙都琅琊 (今山东胶南西南琅邪台)，然而此事不见于较早的文献 (包括《史记》) 记载，姑不作为定论。

至于其他小国，如上所述，有的在战国初年即已被吞灭，即有存者，亦处风雨飘摇之中。其时周室所拥有的地盘更为狭小，王室威信荡然无存，如顾炎武《日知录》所谓"春秋时犹宗周王，而七国则绝不言王矣"。可是就连这样一小块"王畿"，入战国后也发生了分裂。公元前 440 年，周考王封弟揭于河南 (今河南洛阳)，称西周桓公；其孙惠公又封其少子班于巩 (今河南巩义市)，以奉王，称东周惠公。这"东周"与"西周"两个弹丸小国，都到战国末年才为秦所灭。

魏国李悝变法

魏国当前的形势

战国初年，魏国首先强大。本来三家分晋时，"赵北有代，南并智氏，强于韩、魏"。赵国得到的土地最多。但魏国分得原来晋国的主体部分，即今山西西南部，是所谓"表里山河"，生产发达、地势险要，有较好的经济、军事基础。为了配合激烈的兼并战争，达到富国强兵的目的，同时也为了适应正在深刻变化的社会政治经济，战国时期的各国统治者都在不断调整自己的政策，自上而下地实行各种改革。反映在文献记载上，就是各国纷纷出台的一系列变法。这一系列变法，不仅使各国达到了富国强兵的效果，更使各国新的政治经济秩序得以确立，从而加速了整个战国社会前进的步伐。

率先实行变法和社会改革的，是战国前期独霸中原的魏国，魏文侯任用李悝进行了改革。

李悝变法的主要内容

1. 废除世卿世禄

主张"食有劳而禄有功"，"夺淫民之禄以来四方之士"。这就是说，要剥夺那些世袭贵族无端享受的爵禄，将其颁赏给为国家立有功勋和做出贡献的人，以招徕四方的贤才。

2. 实行"尽地力之教"

在经济方面，李悝变革的主要措施之一是"尽地力之教"：支持自由开辟耕地，鼓励农民辛勤劳作，通过废除原来的阡陌封疆，促进封建小农经济的发展，进而巩固国家的经济基础，增强国家实力。

李悝变法改革的内容主要包括三点。

第一，"必杂五种，以备灾害"，即种植稷 (小米)、黍 (黍子)、麦、菽 (大豆)、麻 (麻的果实) 等多种作物，这样可以保证某种作物遭受自然灾害后，还有其他作物可获丰收。

第二，"力耕数耘，收获如寇盗之至"，即鼓励农民尽力耕作，指出要像防备强盗来抢一样迅速地收割庄稼，免得作物遭受风雨的侵害。

第三，"还庐树桑，菜茹有畦，瓜瓠果蓏，殖于疆易"，即提倡充分利用土地发展副业，可以采取在住宅附近种植桑树、在菜园种植蔬菜、在田埂上种植瓜果等方法。

李悝根据魏国人众地寡的条件和当时的生产经验，在"尽地力之教"中提出了这些政策，有力地推动了魏国农业生产的发展。

3. 实行"平籴法"

"平籴法"是李悝经济改革中的一个重要政策。在此政策中，他把好年成、坏年成各分为上、中、下三等。遇上好年景，官府按年成等级买进一定数量的粮食；而遇上坏年成时，官府则按年成等级用平价出售一定数量的粮食。这就是后代封建社会中的"均输""常平仓"等政策的源头。

"平籴法"对于打击商人投机倒卖粮食、稳定粮价起了巨大作用，同时也保护了地主的经济利益，使得魏国富强起来。

4. 制定《法经》

春秋末年的晋、郑等国制作"刑鼎"或"刑书"来公示新的法律条文。到了战国时期，新的成文法典出现得更多了。战国初期，魏国进行改革时，李悝"撰次诸国法"，编了《法经》，它是我国第一部较成系统的封建成文法典。《法经》共有六篇：《盗法》《贼法》《囚法》《捕法》《杂法》《具法》。原书已佚。

李悝认为盗和贼是治理国家的要务，因此《法经》始于《盗法》《贼法》。"盗"指侵犯财产所有权的犯罪活动，《法经》规定大盗应罚为戍卒，情节严重的则要处死；窥探宫室和拾取遗物的人要遭受膑、刖之刑。由此可见，即便只有侵占财物的动机也构成犯罪。《贼法》是有关杀、伤人案件的处置条文，规定：杀一人者死，同时没收其全部家产和其妻家产；杀二人者，除上述处罚外还要籍没其母家产。盗贼需要缉捕，因此接着便是《囚法》《捕法》，这两篇主要是缉拿盗贼方面的法律条文。正如"杂"字所示，《杂法》内容很广，包括：淫禁，是禁止男女淫乱，具体来说就是禁止夫有二妻或妻有外夫等；狡禁，是关于偷窃符、玺及议论国家法令的罪行；城禁，是禁止人民翻越城墙的规定；嬉禁，是禁止赌博的规定；徒禁，是禁止人民群聚的规定；金禁，是禁止官吏贪污受贿的规定。《具法》是《法经》的总则和序例。

李悝颁布《法经》后，魏国一直沿用此法。后来商鞅将《法经》

带到秦国，秦国依此制定了《秦律》，《秦律》后又为《汉律》所效。可见，《法经》在我国古代法律史上具有非常重要的地位。

魏国有良好的法治传统，百姓都乐于依法行事，加上魏文侯带头遵守，李悝制定的《法经》在魏国社会政治中发挥了重大作用，上至国君、下至百官，无不以国家的法律为据。《法经》在魏国得到了很好的实施。

李悝采用的一系列有利于新兴地主阶级的政策和措施，给国内残留的旧势力以巨大的打击，从而开辟了新兴封建阶级的快速发展之路，使魏国经济得到了快速发展。由此，魏国实力不断增强，并且在战国初年长期占据中原霸主地位，不能不说是与李悝变法所造成的国力强盛直接相关的。李悝的变法直接影响了后来著名的商鞅变法、吴起变法等。所以，李悝被看作战国时期法家的"祖师"。

楚国吴起变法

吴起辗转楚国被重用

春秋中期以后，晋国在以"尽灭群公子""灭公族"等手段打击国君近亲势力、加强国君权力时，楚国才开始任用公子执政。公子执政的初期，确实起到了强化王权的作用。但这实际是一种落后的任人唯亲的制度，其结果形成了王权旁落、大臣太重、封君太重的弊病。

战国初期的楚国国内形势混乱，民不聊生，饿殍遍野，竟不可思议地发生了楚国国王为"盗"所杀的事情。公元前 401 年，公子类继承父位，遂为楚悼王。国内形势不容乐观，国外形势也越来越不好，北方三晋逐步强大，渐渐威胁到楚国。

就在此时，著名政治家吴起从魏国来到了楚国。

吴起是卫国左氏（今山东曹县北）人，生年不详，卒于公元前381年。年轻时，吴起外出游学求仕，散尽家财却终未成功，为邻居所嘲笑。一怒之下，他杀掉嘲笑者30多人后逃到鲁国，在孔子弟子曾参门下修习儒学。

数年后，得知母亲去世，吴起觉得自己还没有实现理想，就没有回去参加葬礼。曾参看重孝心，很不满意吴起的行为，就将他赶出了师门。于是，吴起又改学兵法。后来，他在鲁国当了大夫，娶齐女为妻。齐国攻打鲁国时，为得到鲁国国君的信任，他"杀妻求将"，带兵打败了齐国，崭露头角。立下了功劳的吴起因杀妻受到了旁人的诋毁，鲁君罢用了他。

吴起听说魏文侯是个贤君，正任用李悝变法，各行各业都急需人才，就来到了魏国。

到魏国后，吴起被重用为大将，驻守河西地区，还与李悝等人一同主持魏国的变法，在政治、经济、军事方面进行改革。

在军事改革和实践方面，吴起的改革成果十分显著。他训练兵士非常严格，且十分有方法，创立了武卒制。吴起的思想兼容儒、兵、法各家之长，他主张为政应该"内修文德，外治武备"。

在吴起的主持下，魏国"治百官，亲万民，实府库"，大大地增强了国家实力，使秦国不敢向东发展，韩、赵两国不得不"宾从"于魏。看来，吴起对魏国的振兴起了重大作用。

公元前396年，魏文侯去世后，吴起继续留在魏国，辅佐继任的魏武侯。约在公元前390年，由于大臣王错的排斥，吴起不得已弃魏至楚。

他曾在魏国帮助李悝进行变法，而且在打击秦国方面功劳很大。楚悼王久闻吴起的大名，在公元前382年任他为令尹，让他主持变法。

变法的主要内容

吴起变法，从打击大贵族入手。变法的内容散见于典籍中，归纳如下：

1. 均爵平禄。楚国爵禄是世袭的，即先辈如有功受爵禄，后代子孙虽无功，亦可承袭享有爵禄；而后来一些在战争中立大功者却无爵禄，极大地伤害了将士的积极性。吴起乃"均楚国之爵，而平其禄，损其有余，而继其不足，厉甲兵以时争于天下"。

另外，"封君之子孙，三世而收爵禄，绝灭百吏之禄秩，损不急之枝官，以奉选练之士。"吴起要取消世袭的封君、世袭的爵禄，用从封君那里得到的爵禄去奉养经过挑选的有功将士。

2. 废除无用、无能的官职，剥夺王室贵族的威权，使他们不能徇私情，因私废公。"废公族疏远者，以抚养战斗之士。""禁游客之民，精耕战之士。"削减无用的开支，以奖励真正为国出力报效的战斗之士。

3. 春秋至战国时期，楚国用武力灭掉许多国家，开濮地、伐杨粤等，得到了广大领土，但都未及开发。吴起责令楚国一些与王室关系疏远的贵族到僻远的地方去开发。吴起对楚悼王说："荆所有余者，地也，所不足者，民也。今君以所不足，益所有余。"这是一种新的拓土殖民形式。

楚悼王付吴起以国政，言听计从。"吴起事悼王，使私不害公，谗不蔽忠，言不取苟

战国宴乐铜壶上的水陆攻战文饰

合，行不取苟容，行义不固毁誉，必有伯主强国，不辟祸凶"，"吴起为楚悼王立法，卑减大臣之威重，罢无能，废无用，损不急之官，塞私门之请，一楚国之俗，禁游客之民，精耕战之士"。吴起可算是一个无畏的改革家。

吴起变法，旨在富国强兵。变法的内容是消灭世卿世禄制，任用贤能，因此这又是一次打击世袭贵族政治经济特权的运动。吴起变法打击了楚国大贵族既得的政治经济利益，遭到大贵族的激烈反对。吴起"令贵人往实广虚之地，皆甚苦之"，楚之贵族皆欲害吴起。楚国官员皆楚王室宗支，决不许异姓插足。吴起作为一个外诸侯国的异姓人，跻身于楚上层贵族之间，依靠楚悼王的信任，打击大贵族特权和利益，所遇到的阻力之大，反对之烈，是可以想象的。

齐国邹忌改革

◎ 邹忌操琴受重用

历史上有个以巧妙讽谏齐王而著称的邹忌。

邹忌是齐国的相国，原来他只是一个琴师，由于他敢于劝齐威王纳谏，所以得到重用。

公元前 356 年，齐威王登上君位。登基以后，他就开始了纸醉金迷、骄奢淫逸的生活，使齐国朝政荒废了整整九年。其间，韩、魏、鲁、赵等国都曾侵齐，齐国屡受重创，几乎到了灭亡的边缘。齐国国内局势更是混乱不堪，民不聊生。大臣们想去进谏，可是齐威王根本不听，反而怪罪进谏的大臣。久而久之，进谏的人没有了，大臣们也是干着急没办法。

直到有一天，一个书生来到齐国宫殿门前对守卫说："我叫邹忌，是齐国人，琴艺非凡。我听说威王喜欢音乐，想去给他献上一曲。"守卫禀报之后，齐威王让邹忌进殿觐见。

邹忌走进殿来，齐威王正在抚琴自弹。邹忌立足听了片刻，不禁赞叹道："好琴艺！"齐威王停下来问道："好在哪里呢？"邹忌说："您弹奏大弦的时候，声音庄重沉稳，有君主之风；弹奏小弦的时候，声音清晰明朗，又像是贤相神采。二者相得益彰。此外您弹出的每一个音调都非常到位，有的深沉，有的舒展，虽然变化多端，但整体十分和谐。这就好像一个国家颁布的所有政令，个个恰到好处，整体协调一致，所谓政通人和是也。"

齐威王听他三句话不离政事，微微皱了皱眉头，但心里觉得他评价音乐还是很中肯的，就说："我不过是弹琴自娱，您一定比我弹得好，请让寡人见识见识。"说着就让出琴来让邹忌坐下弹奏。

邹忌说："主公您过谦了。"然后坐在琴边，双手抚琴，却久久不弹。齐威王问："先生是嫌琴不好？"邹忌说："此琴是上等好琴，小人怎会嫌弃？"齐威王不耐烦了，说："那您为何抚琴不弹？难道是想戏弄寡人？"邹忌说："不敢。小人以弹琴为业，若抚琴不弹，主公就会心生恼怒。但主公您以治国为务，手握齐国这把大琴，九年来不曾弹奏一回，齐国上下等得太久了！"

此话一针见血，让齐威王一时愕然。顿了片刻，齐威王才说："你来这里原来不是来弹琴的。"邹忌说："小人只想提醒主公，琴不弹不鸣，国不治不强。"齐威王想到齐国现在的状况，又皱了皱眉头，漫不经心地问："你有什么建议？"邹忌正色道："首先是不可弃琴不弹，其次要多弦并弹。"此言一出，齐威王有了点兴趣。邹忌接着说："我建议您从远离声色、选贤任能、兴利除弊、整顿军备、安抚百姓五个方面入手。"两人由此细谈下去，齐威王顿时大受启发。

谈到最后，齐威王非常兴奋，胸中涌起满腔豪情，决心从此以后要勤政为民，振兴齐国。他对邹忌的开导十分感激，同时也对邹忌的才华大为欣赏，于是拜他为相国。

婉言纳谏，邹忌改革

齐威王觉得邹忌很有胆识和智谋，便把他留在身边，辅佐自己。

可一连几日也不见邹忌的身影，齐威王派人去找，找了几天，才发现邹忌正在田间和农民一起劳作。

齐威王决定到田间去看望邹忌，却见邹忌正在和百姓们一起开垦荒地。百姓们累得汗流浃背，但脸上露出满意的笑容。邹忌一见齐威王，赶紧下拜，齐威王双手相搀，问邹忌："你为何不在宫中辅佐我，而是跑到这里来垦荒呢？"

邹忌答道："大王，宫中之事很重要，但有很多人处理，而垦荒之事却没有人干，我出来是带领百姓垦荒的。"

齐威王深受感动，带着邹忌回宫，问邹忌如何使齐国强大起来。

邹忌答道："大王，农业是根本，粮食是父母，我们要加强农业生产啊！"

于是齐威王传下命令：鼓励垦荒，农民开垦的荒地，前5年不交税。自此，齐国的农业迅速发展，粮食也十分充足。

一次，齐威王设盛宴款待邹忌。邹忌只吃身边的一个菜，齐威王问道："难道不喜欢别的菜吗？"邹忌答道："大王，我吃一个菜足够了，其他的菜可以留着下次吃，而天下百姓还有一个菜也吃不上的。"齐威王明白了邹忌的用意，以后他带头厉行节约，齐国的风气一下子正了起来。臣子之间，从不讲究奢侈。

齐威王问邹忌，如何使自己受臣民爱戴。邹忌答道："齐桓公任用管仲，秦穆公重用百里奚，这两位大臣忠心报国，直言不讳，齐、秦两国实力大增。晋文公爱民如子，虽年过花甲才做了国君，但是很得人心。"

于是齐威王重用贤臣，远离那些小人，而且为百姓着想。从此，齐威王得到了臣民的拥护。

邹忌被拜为相国后，忠心报国，制定新法，整顿军队，齐国很快又强大起来。

邹忌是个身材挺拔、相貌不凡的美男子。一天早晨，他穿戴完毕之后，照着镜子不经意地问妻子说："我和城北徐公相比，谁更美呢？"妻子说："您美多了，徐公哪里比得上您？"邹忌心想："徐公之美闻名齐国，我难道真的比他还美？"于是他又去问他的爱妾："我和城北的徐公相比，谁更美啊？"妾回答说："徐公不如您美！"这天，家里来了一位客人，邹忌又把这个问题拿来问他，那位客人毕恭毕敬地说："徐公的确不如您美。"

第二天，正巧城北徐公来拜会邹忌。邹忌细细打量着徐公，不禁对徐公的美貌暗暗惊叹。然后他对着镜子看自己，觉得自己实在远不如徐公美。可是为什么所有人都说徐公不如他呢？

晚上睡觉的时候，邹忌躺在床上仔细考虑这个问题。最后他终于弄懂了：妻子说我比徐公美，是偏爱我；爱妾说我比徐公美，是惧怕我；客人说我比徐公美，则是对我有所求。

第二天，邹忌觐见齐威王，说："臣本来很清楚自己比不上城北的徐公那么俊美，但臣的妻子偏爱臣，臣的小妾惧怕臣，臣的客人有求于臣，所以他们都说臣比徐公美。我们齐国幅员千里，有120座城池。宫廷上下没有不偏爱大王的，满朝大臣没有不惧怕大王的，全国百姓没有不希望得到大王的恩惠的。由此可以推测，您太容易受到蒙蔽了。"

齐威王听了邹忌的这番话，恍然大悟，马上颁布命令："从今往后，无论是谁，凡是敢在我面前直接责备我的，我给他上等的赏赐；敢上书批评我的，我给他中等的赏赐；敢在人群聚集处议论我的过失的，只要让我知道，我就给他下等的赏赐。"

齐威王一下命令，刚开始门庭若市，提意见的很多，而且齐威王也遵守诺言，给提意见的人重奖。后来提意见的人渐渐地少了，人们虽然想提意见，但是找不到齐威王的错误、缺点了。

后来，许多百姓写信，不是给齐威王提意见，而是给地方官吏提意见，百姓说他们搜刮民财，有损大王的尊严。

齐威王决定杀一杀这种风气，他准备奖赏最好的官吏，惩罚最次的官吏。他召集满朝文武，对他们说："众位大臣，我国120个城邑，哪个管理得最好，哪个又最次呢？"

一个大臣答道："阿城最好，即墨最次。"其他几个大臣也随声附和，又补充说阿城如何好，即墨如何次。

齐威王想抓住这一典型，奖赏阿城，治罪于即墨，以治理一下天下的贪官污吏。

邹忌对齐威王说："眼见为实，耳听为虚，兼听则明，偏听则暗。我们应派人前去调查，再通过多方面了解。"齐威王立即派人去调查。

结果，考察的人回来报告齐威王：阿城为非作歹，善于逢迎，又用重金贿赂宫中大臣；而即墨则一心为百姓着想，为官清正，许多大臣视其为肉中刺、眼中钉。

齐威王大怒，第二天上朝时，朝中放了一口大锅，里边放了开水。大臣们不知怎么回事。齐威王说："我今日要活煮那些贪官污吏。"那些忌恨即墨的大臣还以为大王要煮他呢。

这时，从外边押进一人，此人正是阿城，众臣大吃一惊。齐威王说："我派人去查访，即墨时时事事为百姓着想，功不可没，加封一万户的俸禄；而这个阿城，贪赃枉法，搜刮民财，百姓对他恨之入骨。来人，把他煮了！"

那些替阿城说好话的大臣早已吓出了一身冷汗，赶紧跪下磕头求饶。齐威王余怒未消，也要煮了他们。邹忌连忙求情，说道："大王，法不责众，万万不可都杀掉！"

齐威王根据大臣们的罪过，一一治罪，又整顿了地方官吏。从此，齐国不仅经济发展迅速，而且朝中风气也很正。

这些事情传到燕、赵、韩、魏等国，各国纷纷派人到齐国来朝拜，齐国威望迅速提高，成为了战国七雄之一。

秦国商鞅变法

商鞅受秦重用

春秋时期，秦独霸西戎，主要是向西发展。尔后，秦作为一个强国跨进了战国时代。战国初年，魏国吴起攻占秦的河西地，使秦不敢东向。

战国初年，社会经济发生了巨大的变化，我国由奴隶社会过渡到了封建社会。当时秦国的经济发展比其他国家落后，而且还深受楚、魏两国的压迫，各国对秦都以"夷狄遇之"。

公元前361年，秦献公的儿子秦孝公继位。秦孝公仅21岁，年轻气盛。为了使自己的国家强大起来，不受别的国家压迫，他广纳天下贤士，求贤变法。并下令曰："宾客群臣有能出奇计强秦者，吾且尊官，与之分土。"这时在魏受到冷落的公孙鞅来到秦国。

那么，公孙鞅是何许人呢？他是后来人们所熟知的商鞅。商鞅于公元前390年出生于卫国一个贵族家中，姓公孙，因是卫国人，又称卫鞅；以后在秦封邑于商，故又称商鞅，或商君。商鞅"少好刑名之学"，"有奇才"，曾入魏求仕，但未受到魏惠王的重用，听说秦孝公求贤，乃西入秦。他年轻时聪明好学，很有远见，25岁到魏国游学，被相国公叔痤赏识，做了相国府的家臣。

一天，公叔痤病重，魏惠王亲自看望。他对魏惠王说："大王，公孙鞅博学多才，年轻有为，可以胜任相国一职，您可以重用他。如果不重用他，就要杀了他，以免他被别的国家重用，对我们魏国构成威胁。"

魏惠王点头答应，但心想：你一个相国府的家臣能有什么学问，况且年纪轻轻，怎么能胜任相国一职呢？

公叔痤一病不起，不久便离开了人世。而魏惠王没有听公叔痤的话，公孙鞅没有得到重用。

公孙鞅听说秦孝公广纳天下贤士，又觉得自己在魏国没有什么发展，便告辞了魏国，去投奔秦孝公。

魏惠王知道公孙鞅要走，并没有阻拦他，也没有派人追杀他。

商鞅见秦孝公，以强国之术说之，"语数日不厌"。公孙鞅的博学，很快便被秦孝公认同。秦孝公决定重用公孙鞅。

那时，由于公孙鞅没有政绩，而且又年轻，所以没办法委任重要官职，秦孝公便拜公孙鞅为右庶长。

公孙鞅对秦孝公说："主公，您也是初步登位，还不甚稳定，为了稳定人心，我们变法之事稍后再定。"

秦孝公道："正合我意，利用这段时间，你也熟悉一下，以便将来得心应手。"

公孙鞅知道变法困难重重，要想变法成功，必须取信于百姓。

有一天中午，公孙鞅带领几个士兵，在城门口贴了一个告示：谁能把一根细木扛到北门口，赏金 10 两。围观的百姓没有人相信，不知这里是否有诈，心想：这个城门口距北门口还不到 50 步，而这根细木又很轻，哪有这么便宜的事啊！于是你看看我，我看看你，只看不动。

人越聚越多，公孙鞅让士兵把赏金由 10 两改成 50 两，大家更不相信了。

公孙鞅后来竟改成了 100 两。重赏之下必有勇夫。一个百姓心想：不就是扛这根细木吗？上刀山下火海我也干了。他扛起细木就走，围观的百姓也跟着。到了北城，公孙鞅立即派人去取 100 两赏金给这位扛木者。

围观的百姓一下子全都相信了。这件事一传十，十传百，很快全国百姓都知道秦国右庶长说话算数。

两年之后，秦孝公觉得地位已经稳固，而公孙鞅也熟悉了秦国环境，便下令变法。

变法的主要内容

商鞅变法无疑是秦国历史乃至中国历史上的一座丰碑。这次变法在战国开始一段时间以后，地主阶级夺权已成定势，并且有魏国变法成功的先例。此时的法家成为历史舞台上的主角，各国君主纷纷希望借此富国强兵。

公元前 356 年，秦孝公任命商鞅为左庶长，进行首次变法。据《史记·商君列传》，此次变法的主要内容有：

商鞅像

1. 编制户籍，实行什伍连坐法，定居民五家为一伍，十家为一什，使之互相监督，告发"奸人"，规定"不告奸者腰斩，告奸者与斩敌同赏，匿奸者与降敌同罚"。此实是严肃刑法，加强对人民的控制。

2. 奖励耕织，抑制商业，鼓励个体小农经营，规定"僇力本业，耕织致粟帛多者，复其身；事末利及怠而贫者，举以为收孥"，即努力务农，生产粮食和布帛多的农户，可免除其徭役；从事商业以及因懒惰而贫穷者，连同妻子儿女罚为官奴。同时规定，家有两个成年男子的，必须分别立户，否则"倍其赋"。这实际上是鼓励一家一户的个体小农生产，以增加为国家纳税服役的人口。此外，孝公还根据商鞅的建议发布了"垦草令"，从税收、粮食收购、关市与物价管理，乃至对

社会各类人员的监管方面促使人们耕垦荒地，发展农业生产。

3. 奖励军功，禁止私斗，规定"有军功者，各以率受上爵；为私斗者，各以轻重被刑大小"。所谓"率"，就是所立军功的大小，国家据此赏赐给立功之人相应的爵级。按秦爵共分20级，斩获敌甲士一颗首级者，可获赐爵一级，并相应地获得赏田一顷、宅地九亩，还可获得一无爵的"庶子"为其服役。

4. 废除宗室贵族的世袭特权，规定"宗室非有军功论，不得为属籍"，即宗室贵族非立有军功，不得再列入宗室的簿籍。考虑到变法随之规定"明尊卑爵秩等级，各以差次名田宅，臣妾衣服以家次"，则此等非立有军功的贵族丧失掉其原先享有的田宅、臣妾、衣服之类，当是不言而喻之事。

商鞅用严厉的手段推行新法，使得"秦人皆趋令"。"行之十年，秦民大说 (悦)，道不拾遗，山无盗贼，家给人足，民勇于公战，怯于私斗，乡邑大治。"商鞅亦因此升为大良造 (相当于各国的相职)。在此基础上，秦将都城迁徙到咸阳 (今陕西咸阳)，并于公元前350年施行第二次变法。这次变法的主要内容有：

1. 普遍推行县制，"集小都、乡、邑、聚为县"，即将地方各种小型聚落合并为县，各县置令、丞，全国共设立41县 (据《史记·秦本纪》，《商君列传》作31县)。此项举措的目的应是为了加强中央集权的政治体制。

2. 推行统一的国家授田制及相关的赋税制度。《史记·商君列传》谈到商鞅的这一举措是"为田：开阡陌封疆而赋税平"，"为田"即建立新的田亩制度，也就是将原来的步百为亩改为340步为亩；"开阡陌封疆"是按新的亩制决裂旧有土地上的阡陌封疆，从而使国家按此亩制标准授予农夫一户百亩之地；"赋税平"指农户从此为国家缴纳的赋税均平。这项举措的目的固在于运用国家的力量保障个体小农的产业，同时也为了使农民实际增加所种土地的面积，从而增加国家的赋税收入。据1975年云梦出土的《秦律·田律》称，"入顷刍稾，以其受田之数"，知秦在商鞅变法后一直实行授田制，所授之田为百亩，并按此授田数征收刍藁 (草料)，当然也包括征收其他赋税等物。

3. 统一度量衡，即所谓"平斗桶权衡丈尺"。传世商鞅方升，证实了商鞅主持的这项工作。这是在经济上加强国家管理的措施。

此外，本次变法还对首次变法的某些措施进行了完善和补充。如"令民父子兄弟同室内息者为禁"，实际便是对"民有二男不分异者倍其赋"的补充规定。他书记载商鞅制定的法令还有"燔《诗》《书》""塞私门之请""禁游宦之民"等，这些规定除分别为着整饬吏治、驱民农务的目的外，还含有愚民和对民众进行思想文化专制的意图，说明它和以后秦始皇加强专制统治的措施是有前后继承关系的。

商鞅变法是战国时期持续时间最长、涉及面最广、对社会触动最大的一次变法。它进一步完善了秦国的封建专制主义的政治经济制度，使秦国迅速实现了富国强兵，一跃而成为战国七雄中最为强盛的国家，这就为秦日后统一六国打下了坚实的基础。由于商鞅变法损害了旧贵族的利益，这些人一直处心积虑地反对商鞅，包括太子和太子师傅等都成了商鞅的反对派。

公元前 338 年，秦孝公去世，太子继位，是为秦惠王，反对派乘机诬告商鞅谋反，商鞅被迫起自己封邑之兵抵抗，失败被杀。不过商鞅虽死，其法却因在秦施行日久而未被废止，这就使变法的成果最终被保留了下来。

赵武灵王胡服骑射

立志强国，大胆革新

　　战国时期诸侯国相继改革以图强，在变法改革中，以秦国的商鞅变法最为显著，在军事上的改革却以赵武灵王的胡服骑射为最。赵武灵王的文治武功并非出类拔萃，但他却向塞外少数民族学习，对传统的兵制兵服进行了大改革，从而在历史上留下了深远的影响。

　　公元前326年，赵肃侯逝世。魏、楚、秦、燕、齐以凭吊为借口，各派万人精锐部队来到赵国，都想趁赵国旧君辞世、新主未立之机瓜分赵国。在赵国危在旦夕的情况下，赵国大臣肥义极力辅佐太子雍，以不惜与敌方同归于尽的气势，与各国展开殊死的斗争，最终打退了敌人，挽救了赵国。第二年，即公元前325年，年方12岁的赵武灵王登基。这时候，赵国四面强敌环视，而国土中间又横插着一个中山国。这个中山国是白狄族建立的一个国家，曾经被魏将乐羊子攻灭，后来因隔着其他国家不便控制，又让中山国借机复国。中山国横在赵国中间，使其裂为以邯郸为中心和以代郡为中心的两大块，如鲠在喉，实在令赵国非常难受。赵国要想在战国诸雄中有所作为，首要的任务就是解决中山这个心腹之患。赵武灵王是一位有理想、有气魄的国君，他一心想要复兴赵国，决定大胆改革，励精图治。

　　赵国是在三家分晋后由赵襄子创建的，其领土范围包括现在的山西中部、陕西东北和河北西南地区，境内地势多山。赵国在历史上曾经十分强盛，后来实力渐渐衰微，以致东边和北边的林胡、楼烦以及与它相邻的中山国，都对它虎视眈眈。

经过多年的准备，赵武灵王争取到了一个相对安定的外部环境。公元前307年，赵武灵王亲率大军进攻中山，开始还算顺利，可是不久便遭到反击，赵国的车兵和步兵被中山军队打得节节败退，不但很快退回国境，连边境重镇郡邑也沦入敌手。更不可思议的是，在赵国攻打中山时，燕人也乘人之危夹击中山，但也被中山人迎头打了回去，领兵之将还丧了命。中山一个区区小国，同时抗击两个大国的进攻，还能取胜，这给了赵武灵王很大的震动，由此引发了一场撼动朝野的改革。

在这一次亲自经历的实践中，年轻的赵武灵王发现赵军将士的最大毛病就是行动不灵活。不仅作战工具不灵活，战车在山地简直就如废物一般，而步兵作战速度又太慢，转移不灵，而且将士们长袍大袖，外裹重甲，穿戴起来像套上厚重的壳子，非有大力气才能运转得动。加上穿戴时需多层系扎，费时费力，敌军一旦这时来袭，就只好弃甲而逃。

为此赵武灵王把目光指向了赵国北面居住的各种胡人部落。他从小就耳濡目染这些马背上的民族的风采，一个个身着紧身短衣、长裤，跨在马上，弯刀劲弓，来去如风，只是缺乏约束，组织性差了点。赵武灵王思想开放，能够审时度势，锐意创新。赵武灵王由此想到，如果能学习胡人的长处，再加以中原的军事组织，岂不是兼有两者之利？

赵武灵王就把此想法告诉了身边的大臣楼缓。

赵武灵王对楼缓说："我们赵国北临燕国、东胡，西接秦、韩等国，还与中山相邻，它们对我国都是威胁。如果不奋发图强，无异于坐以待毙。长期以来，我们与胡人作战时屡次失利，这跟我们的衣装和作战方式很有关系。首先是我们的士兵穿的宽衣长袖，碍手碍脚，不如胡服那么轻便。其次，我们的战车又大又沉，驾驭起来很不方便，不如胡人单骑作战灵活。我想让全体将士改穿胡服，学习骑射，你看如何？"

楼缓听后眼前一亮，激动地说："大王英明！臣也有此想法，只是不敢提出，还是大王有魄力。如果改为胡服骑射，我们的劣势就不复存在。那样的话，我们一定可以扭转局势，战胜胡人！"楼缓当即表示同意他的想法。

而后，他又召来相国肥义，向他讨教此事是否可行。肥义鼓励他说："凡事不能迟疑，首鼠两端必然一事无成。相传舜曾向有苗氏学习过舞乐，大禹治水经过裸国，也随之裸身，因此改装易服也不是不可能的事，只要利国利民，就应该坚定地去做。"肥义的一番话，坚定了赵武灵王的决心，他随即找来一套胡服穿上，发誓道："我决心易服改装，骑射教民，就让世人都来笑话我吧！但是胡地和中山必归我属！"

胡服骑射，影响深远

中原国家向来轻视夷狄。当满朝大臣听说赵武灵王要穿胡服、学骑射时，都觉得不可思议。

有人说："堂堂中原大国竟然穿起蛮夷之服，那像什么样子呀！"有人把怒气全撒在楼缓身上，说是他唆使大王这么做的。

赵武灵王有个叔叔公子成，是赵国一个很有影响的老臣，头脑十分顽固。他听到赵武灵王要改服装，就干脆装病不上朝。赵武灵王下了决心，非实行改革不可。他知道要推行这个新办法，首先要打通他那老叔叔的思想。

于是，赵武灵王派人去请公子成说："家族听命于长辈亲属，国家听命于君主。现在我让国人改换服饰，但是叔叔您却不穿胡服，我害怕天下人会议论的。治理国家有一定的规律，是以有利于百姓为根本；从事政治有一定的原则，政令得以施行为主要。修明德行必须先让百姓议论明白，贯彻政令首先要使贵族信服奉行，因此希望仰仗叔父的声望来成就更换胡服的功业。"公子成拜了两次叩头至地说："我听说中原地区，是圣人所教化的，是礼乐所施用的，是胡人所参见跟赴的，是蛮夷族所取法效仿的。现在赵王却舍弃这些而沿袭胡人的服饰，改变自古以来就有的规则，违逆百姓的心思，我请赵武灵王对此事深思熟虑啊！"使者将公子成的这番话回报给赵王。赵武灵王亲自前往请求公子成说："我们赵国东边有齐国、中山国，北边有燕国、东胡，西边与楼烦、秦国、韩国接壤。现在却没有骑射准备，那么怎么能够守住国土？以前中山国依仗齐国强大的兵力，侵犯我们的土地，用绳索捆绑我们的人民，引来大水围住鄗地。辱没了社稷神灵，鄗地几乎不能守住了，以前的君主以之为耻辱。因此我改变服装训练骑射，是想防备边境四地的危难，向中山国报仇。但是叔叔您却只顺着中原地区的风俗，害怕改变服饰的恶名，忘记了鄗地之事的耻辱，这不是我所期望的啊。"公子成心想，君王言之有理，于是听从了命令，赵武灵王便赐给他胡人的服饰。

第二天公子成穿上胡服上朝。大臣们一见公子成也穿起胡服来了，没有话说，只好跟着改了。赵武灵王看到条件成熟，就正式下了一道改革服装的命令。过了没有多少日子，赵国人不分贫富贵贱，都穿起胡服来了。有的人开头觉得有点不习惯，后来觉得穿了胡服，实在方便得多。

不到一年，一支人数众多、训练有素的骑兵部队就练成了，从而取代了赵国车兵的地位，成为与步兵并驾齐驱的两大主战部队之一。

公元前306年，赵武灵王亲率这支年轻的骑兵，闪电般地袭取了中山国的宁葭，然后移兵北上，千里跃进，大破林胡和楼烦诸部落，迫使他们北迁大漠，献马乞和，成为赵之藩属。赵武灵王在新辟的土地上设立云中、雁门两郡，并在原阳设立"骑邑"，即训练骑兵的基地，常年训练骑兵。赵武灵王胡服骑射的改革，小试锋芒却功效大著，再次将目标指向了中山国。从公元前305年到公元前300年五年里，赵军先后五次进攻中山，次次以中山割地告终，最后终于把中山这个一度名闻天下的小国从中国的版图上抹去了。从此赵国东西南北合为一块，喉中无鲠，眼中去钉，可以专心对外。

赵武灵王的胡服骑射，改变了中原各国的军事作战方式，从此战车这种作战方式退出了历史的舞台，而被骑兵所取代。此后，赵国名将辈出，成为东方六国中唯一可以与秦国相抗衡的大国，直至长平之战。

"胡服骑射"是历代史家所称颂的一次十分重要的军事改革。赵武灵王不因循守旧，能够突破当时轻视夷狄的传统思想，不拘一格地学习先进的军事技术，同时不顾满朝文武的反对，坚持实施这一改革，可以称得上是一位很有气魄的改革先锋，值得后人学习。

合纵与连横

合纵谋略

在群雄实力均衡、战事酷烈的新形势下，诸侯各国都注重采用"合纵"与"连横"的谋略，也是这一历史阶段的醒目特点。所谓"合纵"就是联合众多弱小国家攻击一个强大的国家；所谓"连横"就是联合一个强国去攻击其他弱小国家。

战国时期，秦国通过商鞅变法迅速强大起来，而齐国在此时也是东方强国。这样就形成了东西两大强国对峙、其他弱国并存的局面。就是在这种复杂的情况下出现了"合纵"和"连横"。

公孙衍，又名犀首，做过秦国的大良造。后来张仪投奔秦惠文王。秦王很欣赏张仪，拜张仪为秦相。但张仪与公孙衍二人观点不统一，张仪主张连横，而公孙衍主张合纵。秦惠文王赏识张仪，便弃用公孙衍。

公孙衍一气之下，从秦国来到魏国。

公孙衍来到魏国后，很快被魏国重用。公元前319年，他做了魏相。他深知魏国不如秦国强大，为了对付秦国和张仪的"连横"政策，他提出了合纵策略。他号召五国合纵，这五国是魏、赵、韩、楚、燕。

由于这五个国家都比较弱小，单独都没法抗击秦国，所以公孙衍希望通过合纵增强力量，与秦军抗衡。

但是人多心不齐，楚、燕两国没有派兵出战，而魏、赵、韩也各有心机。所以在修色 (今河南省原阳) 刚一交战，秦军便大获全胜，歼灭8万多敌军。

张仪建议秦惠文王道："主公，三晋国尚未强大，我们应乘胜出击。"

秦惠文王又向三晋发动进攻，韩国把太子全送到秦国做人质，屈服投降，赵国也答应求和，魏国内政受到秦国干涉。

秦国更加强大了，合纵不仅没有打败秦国，反而激发了秦国斗志。

公孙衍失败之后，苏秦出现了。

苏秦是洛邑人，他和张仪是同学，也是好朋友，但二人的策略也不同。苏秦也主张合纵。

苏秦第二次苦学之后，先是到了燕国，受到了燕文王的礼遇和重用。

他对燕文王说："主公，当今秦国最强，时有吞并各国的野心。我们应联合这些弱小国家，共同抵挡秦国，只有这样才能保太平。"于是赵、韩、魏、齐、楚五国合纵伐秦。但是由于组织不周，联军一直没有发动大进攻，结果"无功而返"。

连横谋略

秦王面对联军压境，问张仪怎么对敌。

张仪道："主公，目前齐、楚两国是联军中的强国，只要把它们拆散，其他的都可迎刃而解。"

于是张仪奉秦王之命出使齐、楚。

张仪先到了楚国，买通了楚怀王的宠臣靳尚，然后去见楚怀王。

张仪对楚怀王说："如果楚国和齐国断交，秦国愿把商于一带600里的土地归还楚国，而且愿意与您结好。"

宠臣靳尚也陈述了与秦结盟的各种好处，楚怀王不顾其他大臣的反对，欣然应允。

楚国和齐国断了交。

楚怀王派使臣去向秦王要回商于，却遭到了拒绝。张仪拿着地图说："你们大王听错了吧，我是说将自己的封地拿出6里给楚国，而不是秦国的600里。"

使臣回到楚国，从头到尾一说，可气坏了楚怀王。他立即派兵，攻打秦国。秦国早有准备，打败了楚国。

楚怀王不甘心，又一次派出十万大军攻打秦国。而秦国则联合齐国，一起打败了楚国，又抢走了汉中一带600里的土地。万般无奈，楚国只好求和。楚国的实力被大大削弱，从此一蹶不振。

楚被削弱后，齐、秦两国对峙，苏秦的合纵联系也被瓦解了。

公元前286年，由于宋国发生了内乱，齐国想趁此机会壮大自己的力量，扩张领土。于是，齐国便派兵攻打宋国。

宋国国君眼看着宋国要灭亡，便跑到魏国，齐国和魏国因此产生了矛盾。齐国最后灭了宋国，宋国国君宋康王悲愤而死。

齐国灭宋引起了其他诸侯国的强烈不满，纷纷想群起而攻之，但因没有一个牵头的也不敢贸然进军。

张仪对秦王说："主公，如今楚已经被削弱，齐、秦两国对峙，若不削弱它，将来必然会对我们造成威胁。如今齐国举兵灭宋，不得人心，各个诸侯国也十分不满意，但它们不敢轻易出兵。如果我们在这时候站出来，组织和联合其他国家共同攻打齐国，一定会大败齐国军队。到时我们就可以独自称霸。"

公元前285年，秦王与楚王在宛相会，对楚王说："如今齐国逆天而行，不仁不义，将来必然会乘机灭掉你们这样的国家。"楚国虽然与秦国有矛盾，但看到齐国攻打宋国，心里也想与秦国结交，因此答应了秦王的邀请。

秦王又用同样的话，说服了赵王。

公元前284年，秦王又与魏王、韩王会谈并达成了一致意见。

公元前284年，秦、燕、韩、赵、魏、楚6国联合攻击齐国，在济西大败齐军。

齐国也从此一蹶不振，只有秦国傲视群雄，为后来的统一做好了准备。

第四章

秦国的崛起

　　赢姓到底是怎么起源的？"秦"的来源在哪里？这些都充满了神秘的色彩。充满神秘色彩的秦国是怎么一步步强大起来的呢？秦国崛起的节点有从氏族到建国、春秋时期秦国的兴起和壮大、秦孝公的丰功伟绩、秦惠文王的谋略、秦武王的谋略。这些都为以后秦统一全国奠定了基础。

嬴姓的起源

🐦 鸟类图腾之说

我国古代的姓大多从"女",如"姬""姜""妫""嬴"等,这也是母系氏族的残留,同姓之族大多分布于较近的地域。以秦之"嬴"姓为例,春秋时嬴姓的诸侯国除秦外还有黄(今河南潢川)、江(今河南息县)、徐(今安徽泗县)、钟离(今安徽凤阳)等,这些诸侯国大多分布于淮河流域(除秦、梁两国例外)。《左传·昭公元年》"周有徐、奄",杜预注"二国皆嬴姓"。按徐、奄二国极为古老,不但远在秦立国以前,甚至早于周之立国。商周之际,二者皆东夷大国。东夷族分布主要在今江苏、山东、河北以及辽宁的沿海地区,以鸟为图腾,有时又被称为鸟夷。春秋时的郯国(今山东郯城),也是嬴姓(有称为己姓者,按莒国亦为嬴姓国,有时也作己姓,可见己与嬴或为一姓),《左传·昭公十七年》郯子访问鲁国,自云是"少暤之后""我高祖少挚之立也,凤鸟适至,故纪于鸟,为鸟师而鸟名"。这是嬴姓属于以鸟为图腾的东夷部族的确切记载。

商族祖先亦属于东夷鸟图腾部族,商之甲骨文中称东夷为"人方",相当尊重。商末,东夷族强大内侵,如上文中的奄国(今山东曲阜)所处为商早期的都城。周武王克商后,东夷一度臣服。然而武王死后,周公摄政,管叔鲜、蔡叔度、纣子武庚与东夷诸国不服,发动叛乱。周公东征,"遂诛管叔,杀武庚,放蔡叔……宁淮夷东土"

（《史记·鲁世家》）。此后周又多次对东夷用兵，西周后期的青铜礼器师（上宝盖下袁，字库无此字）簋所刻铭文载："正（通'征'）淮尸（通'夷'），欧孚（通'俘'，下同）士女牛羊，孚吉金。"这里注意两点：一是周对东夷用兵，俘虏了大量的人口；二是俘虏了大量牛羊。第二点说明东夷是以放牧牛羊为主要生产方式，亦即畜牧业。而《史记·秦本纪》载秦之祖先非子也因善养马畜牧而为周孝王"邑之秦"。则秦很有可能是周在对东夷战争中俘虏的东夷部族迁于西北，为周畜牧。同样，与秦共祖的赵国祖先造父也是以善御著称。秦、赵的共同祖先蜚廉及其子恶来"俱以才力事纣王"。所谓"蜚廉善走"（以上见于《史记·秦本纪》）绝不是蜚廉是长跑好手（河南殷墟出土有大量殉葬马车，可见当时马车已很流行），而是蜚廉也是因驾驭马车的"善御者"而为纣重用。蜚廉也因与商同出于血缘关系较近的东夷部族才能被重用（这一点与后来注重异姓通婚并且重用异姓的周有很大不同）。

综上所述，从古文献与考古两方面看，秦国嬴姓很有可能是出自以鸟为图腾的东夷部族。但是，我国古代西方各族没有以鸟为图腾的，主要的畜牧部族羌族以羊为图腾。

赐姓之说

秦始皇的祖先到底是谁？司马迁说是一只鸟。古老相传的神话说，有一个美丽的女人正在纺织，飞来一只鸟，下了一个蛋，女人捡来吃了，就此怀孕生子，名叫大业——"玄鸟陨卵，女修吞之，生子大业"（《史记·秦本纪》）。这是一个知母不知父的传说。女修是母系祖先，大业是父系祖先。玄，黑色；玄鸟，燕子；以鸟为图腾，专家由此推断他们生活在近海地区，属古东夷九族活动的区域。东夷九族以鸟为图腾。

嬴姓祖先与舜、大禹及商王朝的祖先处于同一个时代。实际上，夏、商、周、秦是同时存在于中国大地上的几个民族，它们并行发展，有时合作，有时斗争，一个接着一个建立国家，构成中国早期历史的四个阶段。

以大费为首领的嬴姓族人，当时活动在今日河南濮阳地区。李江浙先生明确指出就是河南范县，当时的地名为"秦"（《盐铁论》："伯翳之始封秦。"伯翳就是大费）。最新的考古发现表明，大禹及夏王朝前期的活动中心，很可能在豫东的濮阳，旧说是在豫西的登封（河南偃师二里头宫址文化群当属夏王朝后期的活动中心）。

"秦"的来源

秦始皇造"秦"字之说

传说秦始皇的"秦"字原来不是这样写的，而是写作"琹"。嬴政灭掉齐、楚、燕、韩、赵、魏统一全国以后，在重立国号时动了很多脑筋，他认为"琹"字很别扭，想选一个同音字。有一天，他问大臣们："开天辟地以来，谁的功绩最大，史书上有无记载？"有一大臣答："开天辟地以来，功过是非都记载在《春秋》中。"嬴政一听特别高兴，说："寡人乃千古一帝，就以《春秋》

秦始皇像

各一半来定国号吧。"众大臣不明白："敢问陛下之意是……"嬴政笑而未答，顺手提笔写了一个"秦"字递给众大臣说："寡人取'春秋'二字各一半，合为一个'秦'字以代'琹'为国号如何？"众大臣称赞嬴政才智过人，便立国号为秦，嬴政则自称秦始皇。之后，"琹"不存而由"秦"代替了。

🌀 地名之说

季胜的五世孙是造父，恶来的五世孙叫大骆，大骆的儿子叫非子。按辈分，非子该叫造父叔叔。

他们看造父发达了，就到赵城来登门认亲，改姓了赵。改姓赵，意味着摆脱奴隶身份，踏入贵族门槛，可与贵族通婚，这一点意义重大。《史记》说："以造父之宠，皆蒙赵城，姓赵氏。"似乎可以肯定他们搬到赵城来居住了。但是接下来一句话又说："非子居犬丘。"犬丘，即犬戎的废墟，今日陕西兴平，在渭水中游。赵城在汾水中游，两地之间不少于420公里。非子为何没住在赵城，而住在犬丘，是从赵城迁过来的，还是本来就住犬丘，司马迁没有说。所以也难说"蒙赵城"就意味着他们一定都搬到赵城去了。

非子也擅长养马，但不知道是天生的，还是跟造父学的。犬丘人把他的长处告诉周孝王。这个犬丘人身份不明，是戎狄人还是周人，无法判断。若是戎狄人，那么他们此时是相当臣服于周王朝的。犬丘距镐京只有30公里，中间仅隔一条渭水。

周孝王派非子去西边更远的陇山、千水 (当时称沂水) 一带 (今陕西宝鸡以西地区)，专职养马。马是至为重要的国防力量，为帝王养马，是件荣耀的事。非子养的马高大善跑，数量剧增，周孝王乐了，决定封赏非子。非子的父亲叫大骆，已死，周孝王命令非子为嫡长子，传承大骆的香火。这么做的目的，是正式确认非子与嬴姓的贵族身份。

申侯不干了，站出来反对说："我的先人曾有闺女嫁给嬴姓，于是嬴族归附朝廷，替朝廷保卫边疆，西垂因此安定。现在我的闺女嫁给大骆，生儿子成，他才是嬴姓嫡长子。因为我们两家联姻，西戎老老实实，不敢犯边，你的王位稳当。是让我的外孙嬴成当嬴姓嫡长子，还是让赵非子当嫡长子，你看着办。"

周孝王说："很多年以前，伯翳（伯益）为舜驯化鸟兽，赐姓为嬴，现在他的子孙又为我养马。这样吧，我赏给他一块封地，作为我的附庸。"

赏给非子的这块土地，比非子养马的地方更偏西，在今日甘肃东南部的清水、天水、礼县一带，定名为"秦"，沿用当年伯翳的地名，号为"秦嬴"，以继承伯翳的香火。同时也答应申侯的要求，让他的外孙嬴成当大骆的嫡长子，目的在于安抚申侯，调和西戎关系。非子住在秦邑，嬴成住在犬丘。秦邑一带也称西犬丘。

周孝王不愿听从申侯摆布，又不想惹恼他，干脆一分为二，两边都照顾到了。既维护王权尊严，又安抚申侯情绪。区区一个申侯，就敢以国家安全为名，要挟王权，可见西周王朝的权威性已经大大动摇。

今天的学者认定，申国是周宣王分封的，晚于周孝王70余年，封地在今河南南阳，离西周都城四五百公里，中间隔着秦岭和伏牛山，目的是增强南部边疆的防御能力。南方的楚国越来越强大，也不老实，常常犯边，周穆王的父亲就是在讨伐楚国时战死的。照这样看来，周孝王时期就不应该有申侯，也许是司马迁弄错了，有两个申侯？或许是后人传抄《史记》时写错了？疑莫能定。

不管怎样，周孝王把秦邑赏给非子，恢复嬴姓，此事意义重大。历史上正式有了"秦"这个名号，非子也不叫赵非子了，而叫秦非子，或者嬴非子，成为秦国的直系祖宗。在中国范围来看，我们自称汉族、汉语、汉人，源自西汉王朝。在世界范围来看，西方称我们 China、Chinese，即源自"秦"（Chin）。如果秦始皇的政权能够多延续几百年，我们就该叫秦族、秦语、秦人了（张分田《秦始皇传》）。

周孝王在位时间不长，以这件事最能影响历史。《史记·周本纪》关于周孝王的记载只有13个字，"……共王弟辟方立，是为孝王。孝王崩……"还没有《史记·秦本纪》多。舜、禹时期，秦人祖先伯翳

(伯益) 生活在秦 (河南范县)，还得到嬴这个姓。大约1180年后，周孝王为了封赏非子，恢复嬴姓香火，把"秦"这个地名从河南范县移到甘肃南部。这么说似乎并不过分，是周孝王赐予了"秦"这个伟大的历史称号。说"秦"伟大，是因为在整个世界范围内，后来的秦帝国都是无可匹敌的。

秦邑，也称秦城、秦亭，在今日甘肃清水县，六盘山南段 (陇山) 西侧、渭河北岸。"秦"的本义，中国最早的字典里说，秦是伯益后人的封国的名称，那里的土地适合种粟，也可反证"秦"这个地名从河南移到西部的变迁过程。考古发现证实，最早的粟集中在河南中部，南部和北部也有一些，不及中部多。甲骨文、金文、篆书"秦"字，字形都像双手抱杵春禾，与农业生产关系密切。

嬴是姓，秦是氏，先得姓，后得氏，因舜赐予而姓嬴，以封地而称赵氏、秦氏，即所谓的姓氏。在现代汉语中，姓与氏是一个概念，然而在战国以前，却是两个不完全相同的概念。这一点在阅读古文献时很容易因为与今天姓氏的概念混淆而引起误解。姓，应是起源于母系氏族制，是出自同一远祖的血缘集团的名称；而氏是在父系家长制确立完善以后兴起的血缘关系的标志。《说文》有："姓，人之所生也，因生以为姓。"（这已经为考古所证明，西周金文"姓"与"生"为同一字，金文中"百姓"作"百生"）氏是姓的分支，同一姓可以分化为不同的氏。中国古代氏的起源往往是由祖先的地位高贵而起。到战国秦汉时期，姓与氏被混淆，地名、官职，等等，都可作为姓。秦赵共祖，专家没有争议。

结合考古证据看，秦邑准确地说肯定在渭水上游南北两岸的甘肃天水、清水、礼县一带。这里以秦为名的地点也不少，秦谷、秦安县、秦亭镇、秦城区、秦岭镇、秦峪镇、秦家沟口村、秦家河村……但地名不是证据，仅供参考。

从氏族到建国

秦氏族的发展

非子生秦侯，秦侯在位 10 年。

秦侯生公伯，公伯在位 3 年。

公伯生秦仲，秦仲在位 23 年。

秦仲第三年，西戎造反，趁着混乱，灭了嬴成一族。此时非子已经过世 16 年，嬴成一支只存在了五六十年。

15 年后，周宣王即位，命令秦仲打击西戎，因为秦仲、嬴成本是一家，还提拔秦仲为大夫。为了某种目的，提拔一批新人，赐给他们荣誉，这是拉拢人心的惯用的谋略手法，品级不高，效果却很好。周宣王的谋略是让西周复兴，打击西戎只是其中一个组成部分。秦仲大夫不负所望，与西戎勇敢战斗了 5 年，最后死于战场。

秦仲有 5 个儿子，周宣王把他们五兄弟召到镐京聚了一次，派给他们 7000 战士，继续打击西戎，最后大败西戎，连嬴成的土地也夺了回来。长兄秦庄公被周宣王封赏为西垂大夫，嬴成的封邑也归秦庄公所有。秦人有了西犬丘 (甘肃天水) 和犬丘 (陕西兴平) 两块封地。

秦庄公有三个儿子。长子说："西戎杀我大父。不杀戎王，则不敢入邑。"把爵位让给弟弟。秦庄公仍然住在西犬丘。长子则住在犬丘，继续与西戎作战。秦庄公在位 44 年，传位给二儿子秦襄公。

西周的爵位有五级，公、侯、伯、子、男。非子、秦侯、公伯都是周天子的附庸，还没有爵位，也没有朝见周天子的资格；秦仲晋级为大夫，才有了爵位，或者是子爵，或者是男爵，不清楚。秦庄公为西垂大夫，应该是晋级为伯爵了，不妨称为"秦庄伯"。尽管文献都说"秦庄公""秦襄公""秦穆公""秦孝公"，事实上一直到战国后期，秦国的爵位等级一直是"侯"，而不是"公"。称"秦××公"，完全是他们自高身份，写入他们自己的史书《秦纪》。司马迁尊重《秦纪》的话，也称"秦××公"。

周宣王的儿子周幽王是一个昏君。他父亲辛苦干了好几十年，才造就一片中兴的局面，让日渐衰落的西周王朝有了一些生机。到他手里，又一落千丈，天灾人祸纷至沓来。他不思振作，只管与美人寻欢作乐。他所宠爱的那个美人，被后世说成是红颜祸水的典型代表，也被描述为国家悲剧的直接责任人。一个故事说她喜欢听绢帛撕裂的声音，周幽王派人天天撕给她听。绢帛是昂贵的丝织物，常常被当作奖品赏给那些为国家立下功勋的人。另一个故事流传更广，"烽火戏诸侯，千金买一笑"，严重损害了西周王朝的国防力量，诸侯不再信任朝廷。周幽王的仇家看准这个机会，暗中勾结戎狄袭击王都。周幽王再次点燃烽火，诸侯以为他又在开玩笑，都不出兵勤王。镐京被攻破，周幽王死在乱军之中，西周王朝结束。

秦国（非秦帝国）的建立

西周王朝结束时，秦襄公在位已经七年。听说戎狄军队袭击王都，秦襄公立刻出兵救援，可能是出于下面几种考虑：周幽王烽火戏诸侯，秦襄公还没有发兵勤王的资格，没有被戏弄，对周幽王不存报复之心；周孝王赐予爵位这件事相去不远，感激之情还在，愿意出兵勤王；有卓越的政治远见，知道那是难得的机会，当然不能放过。也可能想得很简单，西戎杀我大父（爷爷），现在又攻我王都，无论如何也要出兵。

等各路诸侯赶到镐京，王都已经一片焦土，这是中国历史上第一次深重的民族灾难。戎狄杀人放火，劫掠宝藏，还抢走了那个祸国殃民的美人。美人是名义上的"国母"，但没有人同情她，也没有谁提出要救她。她的结局如何，没人知道。

那个勾结异族的叛徒，也叫申侯，不仅没被惩罚，反而成为功臣。他与另外两个诸侯一起拥戴了一个新周王，就是他的外孙。为了避开戎狄，也因为镐京已被烧毁，诸侯们决定把王都迁到洛阳，是为周平王。洛阳在镐京东面400公里。周幽王之前称西周，周平王之后称东周。

秦襄公好人做到底，继续护送他们东迁。因为这些功劳，秦襄公得到了巨大的奖赏。这个新王大方得很，不仅封他为诸侯，还赏给他一片名义上的广大土地："西戎无道，侵夺我周原土地。你把他们赶走，这些地方都归你。"

秦仲为大夫，秦庄公是西垂大夫，现在秦襄公晋级为诸侯，可以与诸侯大哥们平起平坐了。他们不再替人养马，而开始经营自己的国家、军队、政权。总之，在一片混乱之中，秦襄公获得了诸侯的称号，得到了大片土地 (尽管还必须用武力夺过来)，是最实惠的得利者。重实利是秦人的一个主要特点。只有重实利，才能发展。

一句话，秦襄公因为那次民族灾难，而晋级为诸侯。比起西周和东周的划分，秦襄公建国更能体现历史的连贯性。秦国 (非秦帝国) 时代就从这里开始了。

春秋时期秦国的兴起和壮大

秦国的兴起

一、周王室对秦国的影响

秦国的兴起与周王室是有很大关联的。其中有一个原因很简单，因为如果周王室不让嬴姓立国于秦地，那么秦国也就不存在了。也就是说，周王室对于秦国的首要影响就是让其立国。因为在商、周的斗争中，嬴姓秦氏的祖先始终站在殷商一边，包括在周武王逝后参与叛乱。嬴秦实际上是东部的族群，说俗点就是在朝代变更中因为站错了队，才被周王室迁往西北地区。这是一种对战败与叛逆的惩罚，嬴秦自此开始臣服于周，并在黄土高原与异族杂居。所以说，首先让秦国合法存在的，居然是以前的敌人周王室。

平王东迁，既是其迅速没落的主因，又对秦国产生了深远的影响。在此之前，异族入侵时，秦襄公是少数几个勤王的诸侯之一，东迁之时，又亲自率兵护送。所以平王"封襄公为诸侯，赐之岐以西之地"，并宣布"戎无道，侵夺我岐、丰之地，秦能攻逐戎，即有其地"。平王东迁，表示周王室已失去对西北地区和大部分领土的控制，由于这一大片领地的丧失，极大地削弱了自身实力，使得自身迅速丧失了对诸侯的控制力，自身的衰落也就加速了，到最后只能龟缩于一隅之地。

平王东迁是周王室式微的重要标志。另一方面，由于对秦襄公和秦国的赏赐，这一事件却预示着秦国即将崛起。因为秦国由此获得了诸侯之名，取得了对"八百里秦川"的合法经营权，再加上当时关中地区还有大量黄帝文明与周文明的遗产存在，成为日后秦国发展的坚实基础。

二、黄土高原的影响

平王东迁所放弃的地区，特别是黄土高原地区，对秦国的发展产生了非常重要的作用。这一地区是华夏文明，特别是黄帝部族的发源地。从历史来看，周、秦、汉、唐都是自此地兴起，这一地区曾经是11个王朝的政治中心，常被视为帝王之基。那么为什么这一地区会成为帝王之基呢？有以下三个观点：

第一，黄土高原的土地上泥土纤细，即便使用木制工具也能进行农业生产。这一原因很可能就是之前周的农业比商发达，并在夺取宗主权后大力发展、推广农业生产的主因。由于当地农业起步早，该地文明因此有较长时间的发展，所以可能保持较高的发展程度。

第二，八百里秦川，即关中平原一带气候温暖、雨量充沛，又有众多水网交织、贯穿其中，给农业发展提供了极大的便利。特别是后来的变法主要讲求的就是"耕战"，商鞅在这一地区实行这样的变法也就显得非常有优势。

第三，关中地区四面环山，又临黄河及其支流，为自己形成了天然屏障。这种自然的因素，加上后来修建的关隘，使得关中国家进可以攻，退可以守，长期处于主动地位。

三、早期秦国的发展

平王东迁以后，秦国迅速开始了自己的发展。首先就是夺取周平王封赐的岐西地区，进而完全占领岐山一带。这一步棋的意义在于使秦国在关中西部得以立足，在击退异族以后，又收编了周王室东迁以后的遗民，充实了自身的实力。

之后，秦国顺势向岐东地区发展，把自己的领土向东扩张，进至河西、至于华山；同时也间或挥兵西北，主动攻击异族。这一时期秦国逐渐扫平了关中的外族，吞并了这一地区的小诸侯国，积聚了更多的力量，并且坚定地向东推进，使日后有了染指中原地区的地理条件。

这一时期已经开始与晋国正面交锋，其间虽然时有对西北用兵，但其主要目的在于解除向东发展时来自外族的后顾之忧。当然也顺势取得在西北地区的新领土来增强国家实力，可主要还是选择了一种积极、主动的方式，为其东向战略服务。

到春秋中期的时候，大国争霸的序幕已经拉开，在齐桓公之后，秦穆公夺得霸主之位，其间"并国十二，开地千里"，迅速崛起为疆域广阔的大国。秦穆公时期的称霸，使得秦国得以进入大国俱乐部，具有了相应的国际地位，并为后来的发展打下了非常坚实的基础。此后虽然直到秦孝公变法之前秦国都再也没有称霸中原，也没有在东进中取得什么进展，但是国力却保持得比较稳定，即便有所下降，底子仍旧还在。

但是此后的春秋历史却迅速进入晋文公时代，文公死后虽然穆公尚在，但晋国却变得异常强大，以致秦有崤山之败。此战对秦国影响深远，后来虽然也在与晋国的战争中取得胜利，但秦国的君臣不得不正视晋国的强大国力，放缓了向东发展的步伐，转而西向与戎夷争夺地盘。春秋的发展，此后也进入了晋、楚两国交相称霸的格局。

四、秦文公夺取周原标志着秦国兴起

平王东迁以后，是中国历史上的春秋战国时期。这是历史上极度混乱的时代，秦国趁中原一片混乱，不断向东、向西、向北、向南发展。

秦襄公在位12年，也死在征伐西戎的路上，"伐戎而至岐，卒"，看来不是战死的。儿子秦文公继承父志，继续对西戎作战。

秦文公元年，居西垂宫。

秦文公三年（前763年），他带700战士出来打猎，一直向东走，秦文公四年到达汧水、渭水汇流之处，说："我的祖先秦赢在这里养马，周王赏给他一块封地，最后才成为诸侯。我要把都城迁到这里来。"问占卜的人，在这里建城居住是否吉利。占卜结果是"吉"，于是开始营建都城。

秦文公十三年（前753年），秦人第一次有了自己的用文字记录的

历史。这是一件极有价值的事情。中原民族至少从商代开始，就有史官，有用文字记录的历史，"有典有册"。甲骨文不是商代史官记录的历史，而是占卜文字，但能反映商王朝的很多信息。秦文公任命史官记录历史，证实秦国在积极学习中原的先进文化。唯有不断学习，才能赢得未来。

秦文公十六年（前750年），秦国又伐西戎，西戎败走，终于夺得当年周平王许诺给秦襄公的那片土地。周王朝的祖先就是在那块土地上发展起来的，所以叫周原。秦文公把岐山以东的土地贡献给远在洛阳的东周王朝，把岐山以西的土地收归己有。周原在渭水之滨，由洪水淤积而成，土壤肥沃，很适合耕种。在渭水上游，秦人既养马，也种粮，农牧混杂；在渭水中游，则主要是种植粮食，大力发展农业经济。所以秦国越来越富足，又继续保持着游牧民族的精神形态。

再过四年，秦国第一次设立灭三族之罪，父族、母族、妻族，显然也是学习周文明的结果。任命史官，完善法令，这些变化表明，秦国在秦文公的领导下，一方面在积极争取经济进步，由相对后进的游牧经济过渡到相对先进的农业文明，同时也在积极争取文化上的进步，并取得阶段性的成果。所以他死后，得到秦文公这个谥号。

秦文公四十八年，太子死了，立长孙为新太子。秦文公五十年，卒，传位给长孙秦宪公。

司马迁错记为秦宁公，考古证据纠正了这个错误。秦宪公10岁即位，22岁死。他有三个儿子，年龄都还小，给大臣专权提供了机会。三个大臣废了长子，立五岁的出子为君。六年后又把出子杀了，复立长子为秦武公。第三年，秦武公找机会把三个大臣干掉，理由是他们杀了出子。秦武公在位20年。从他开始，秦国有了活人葬，从死者66人。秦武公在位期间，齐国立齐桓公，晋国立晋侯，齐、晋成为强国。

秦德公即位，第一年徙都雍城，第二年就死了。他有三个儿子，都当了国君。长子秦宣公，在位12年，有九子，不传位，传给二弟秦成公。秦成公在位四年，有七子，不传位，传给三弟秦穆公。为什么连续三个兄终弟及，司马迁没有说原因，可能是太后掌权的结果，也可能是商代遗风——商代 31 个王，不算汤王，有 13 个是兄终弟及，有 14 个是父子相继，还有三个乱了辈分。

从非子之死，到秦成公卒，秦国已有 200 年，11 个王。他们的日子比周王朝好过得多。周王朝遭犬戎入侵、被迫迁都就不说了。到了东周，周王已经没有什么权力，不过是一个名义上的王，国人的精神中心，是后世"挟天子以令诸侯"的起源和首席代表。他发布的王命，常常不过是他赖以生存的某个诸侯的意志。秦国则不同，200 年来，他们的领地不断向东扩张，从甘肃天水出发，先夺取周原，又逐渐占据渭水两岸。秦成公元年，梁伯、芮伯来朝，标志秦国的影响已经到达黄河岸边。梁国在今陕西韩城之南 15 公里，嬴姓，26 年后被秦穆公吞并。芮国在今陕西大荔县东南渭水与洛河交汇处。都在黄河西岸。

不过，从秦国到秦帝国，还有很长的路要走。地理位置还是有些褊狭，对东方几乎没有影响。中原各国仍然相信秦国不过是一个戎狄之族，绝非中原血统——"非我族类，其心必异"。打到东边去，饮马黄河，眺望中原，称霸诸侯，逐渐发展成为秦国国家谋略的中心目标。

秦国的壮大

秦在西周时期仅是一个西垂大夫。西垂，在今甘肃天水一带。

周幽王被犬戎杀于骊山之下，秦襄公 (庄公子) 将兵救周，又护送周平王东迁。周平王即封襄公为诸侯，秦开始建国，与诸侯通使聘享之礼。周平王还赐秦以岐、丰之地，曰："戎无道，侵夺我岐、丰之地，秦能攻逐戎，即有其地。"《史记·封禅书》说："秦襄公既侯，居西垂。"

秦宪公时 (前 715—前 704 年) 又从开渭之会 (今陕西眉县附近) 徙居平阳 (今陕西岐山县以南)。

秦武公 (前 697—前 678 年)，"十年，伐邽、冀戎，初县之。十一年，初县杜、郑，灭小虢"。邽、冀在今甘肃天水、甘谷一带，杜、郑约今陕西省西安市长安区一带，在原来的周王畿之内，小虢亦在陕西。

秦武公初建秦国县制，并在陕西逐步稳定发展。

秦德公时 (前 677—前 676 年)，初居雍城 (在今陕西凤翔县)，建立大郑宫。秦国政权日趋巩固，梁伯、芮伯等小国国君皆来朝秦。梁在陕西韩城南，芮在陕西大荔县境内，是靠近黄河西岸的两个小国。秦国西起甘肃东部，东至华山，控制整个渭水流域。

公元前 770 年，周平王东迁洛邑。为了感谢领兵护送的秦襄公，周平王封其为诸侯，并将难以控制的岐山以东的大片土地分封给他，为以后秦国的强盛打下了坚实的基础。

秦国的壮大有一个标志性人物——秦穆公。秦穆公在位 39 年。自秦穆公开始，史书才记录有秦国国君的名字。在东方看来，秦国不过是一个暴发户、戎狄之族，低于华夏。秦穆公很不甘心，一心想着打过黄河去，称霸诸侯，为秦国也为自己赢得荣誉。

秦穆公元年 (前 659 年)，他亲自带兵渡过黄河，到达黄河东边 80 公里的茅津。这是秦国第一次越过黄河向东行动。茅津当时还为戎狄所有，秦国仍然在与戎狄作战。

茅津小胜之后，秦穆公遇到一个强劲的对手——晋国。秦穆公审时度势，知道打不赢，于是提出与晋国联姻。秦穆公四年 (前 656 年)，晋献公把女儿嫁过来，两国结成秦晋之好。

晋献公晚年因沉湎女色，引发了骊姬之乱，公子重耳、夷吾被迫分别逃亡狄、梁两国。公元前 651 年，晋献公驾崩，骊姬之子奚齐登基为王，随即被大臣里克害死。夷吾派人到秦国，请秦穆公派人保护自己回国即位，并且答应登基后就把黄河以西的八座城邑割让给秦国作为谢礼。于是，秦穆公便命百里奚率兵护送夷吾回国即位，史称晋惠公。但惠公登基后不遵守诺言，没有割让那八座城邑。不久，晋国出现旱情，秦穆公不但不计较晋惠公曾毁约，还运送大量粮食到晋国救灾。次年，秦国灾荒四起，秦穆公派使者去晋国购买粮食，晋国不但拒绝了秦国的请求，反而派兵进攻秦国。公元前 645 年，渡过灾荒的秦国决定教训晋国，于是两国在韩原展开大战，晋国大败，晋惠公被秦军所俘。后来，秦穆公在周襄王和穆姬的再三恳求下，又与晋惠公结盟，放他回晋。晋惠公把太子圉送到秦国做人质，并把黄河以西的土地送给了秦国，至此，秦国的东边国境扩大到了龙门。

后来，秦穆公又称霸西戎。至此，秦国已逐渐壮大起来。

秦孝公的丰功伟绩

秦、魏当时的形势

公元前 361 年，秦献公去世，年仅 21 岁的秦孝公继位。到秦孝公继位时，因为他父亲的励精图治，秦国已经走出低谷，正要开始爬坡，但仍然僻处洛水以西，领土比秦穆公时少了一大片。

东边与魏国为邻。春秋战国之交，魏国变法最早，国力一时最强，又任用名将吴起，打得秦兵不敢东向，全部夺走河西之地，并沿洛水西岸筑起一道长城，南起渭水南岸的郑县 (今陕西华县)，穿过渭水、洛水，北至少梁城 (今陕西韩原)，专门用来防御秦国。洛水以东的河西、上郡，都归魏国所有。实际上与当年的晋国一样，阻挡着秦国向东发展的道路。

南边与楚国、蜀国接壤。秦岭以南，东为楚国，西为蜀国。熊耳山中的武关，当时不过是一条沿着丹水伸展的长长触角状的狭窄通道，又被楚国阻挡，无法与函谷关形成犄角之势。

巴、蜀二国各自独立，或相互争斗，也不为秦国所有。蜀国还把南御抢走了。

秦国此时，经济上得不到汉中、巴、蜀的支持，政治军事上东不及赏河，南不出秦岭、武关，一时间竟处于被封锁的状态。既不能参与中原的各种会议，还被当作戎狄看待。

魏国向西打过洛水，可沿渭水平原直击秦国腹地，一旦时机成熟，吞掉秦国也是可能的；守住河西之地，牢牢控制黄河天险，自身则非常安全，既可防秦国来攻，也可全力争夺中原。考虑到魏国的领土像条裤子，裤裆底下夹着韩国，韩国拱一拱脑袋，就把魏国顶成东西两半，所以先灭秦国更有战略价值。

若对韩国用兵，西面的秦国，北面的赵国，东面的齐、鲁、宋等都会出兵阻止，南面的楚国也会北上救韩，魏国根本没有胜算，甚至有被秦、赵抄后路灭国的危险。韩国与中原各国的利害关系非常显著，楚、赵、齐都不想魏国吃掉韩国独大，所以一定会出兵相救。秦国则会毫不犹豫地出兵河西，那是他们盼望已久的目标。

若对秦国用兵，秦国孤立于西方，与中原各国不相往来，也无直接的利益关联，只要稳定好齐、楚，其余各国大概更加不会理睬，与秦国吞灭西戎各国类似。秦国吞并西戎十二国，灭义渠国，中原各国都没有出兵，首先是因为他们不属于中原集团，与各国没有利害关系，所以不值得救。

秦国也被看作异族。在民族意识上，中原对秦国没有认同感；在利益关联上，中原与秦国的往来也不多。外交关系处理得当，魏国对秦国用兵，不能说没有机会。晋厉公带着联军打过黄河、洛水、泾水，可以作为参考。

秦国当时处于弱势，趁中原各国还没反应过来，以秦国境内四条大河为作战区间，先把秦国赶至洛水、泾水、渭水以西，扫清渭水中下游南北两岸，占据渭水腹地；然后回转身来应对中原各国的反对，同时考虑如何彻底覆灭秦国远在陇山以西的甘肃天水的老窝。商鞅都说了："秦之与魏，非魏并秦，秦即并魏。"

这种假设如果成立，魏国占据关中与太行山台地两大地缘优势，居高临下，窥视中原，说不定统一天下的就不是秦始皇了。可惜这只是事后的一种分析，当时大家都盯着中原，哪里会想到140年后秦国统一天下？

魏国东西南北都有强敌，为四战之国，改变这种被动局面的最佳选择，或者说唯一选择，就是灭秦。但是这个任务很艰巨，秦国太大了，不容易吃。

诸侯当时既没有吞灭大国的概念，也没有吞灭大国的经验，想得最多的就是称霸中原，根本没有想过向四方戎狄蛮夷用兵。秦国经营渭水流域已有 500 年，可谓根基深固。魏国虽强，立国才几十年，对秦国不过是稍占优势而已，领土也不及秦国广大。秦国东西纵深 400 公里，南北最宽处 180 至 200 公里，魏国打不打得下来，打下来了如何守法，都是一个问题。而且西边对付秦国时，东边又该如何防守？齐、楚肯定会趁机来占便宜，事实上他们也在那么做。

何况魏国又犯下一个不可挽救的错误。魏国因为重视中原，在秦孝公元年，竟把国都从安邑 (今山西夏县西南，距黄河 77 公里) 迁至大梁 (今河南开封)，主动放弃了河西的地缘优势。安邑坐落在汾水下游，西面是黄河天险，南面是中条山，北面是吕梁山，东面是太行山，是四塞之地，很容易防守。再牢牢控制住河西，基本不用担心敌人来攻打。大梁城地处平原四面是敌人，赵、齐、楚、韩四国，谁都可以长驱直入、兵临城下，一点战略安全都没有。以安邑为国都，以大梁城为争夺中原的前沿阵地，这才是比较安全的国家谋略。即使如此，魏国也难以改变整体上四面受敌、裤裆底下又夹着韩国这个被动局面。

所以河西是一个攻守兼备的好地方。吴起夺取河西，出任河西郡守表示魏国清楚河西的战略价值。但是，占领河西以后，魏文侯没有继续向西扩大战果，而是转向东方，争夺中原去了，并且再没有回过头，从而丧失了扭转劣势的唯一希望。魏惠王对魏国衰落负有直接责任，是他把国都迁至大梁，也是他不用商鞅、流失孙膑的。

晋国被三家瓜分，继之而起的魏国又选择了错误的战略方向，这可帮了秦国大忙。秦国仿佛是悄悄跟在魏国背后向东挺进，上演了一出螳螂捕蝉、黄雀在后的历史大戏，也有几分鹬蚌相争、渔翁得利的喜悦。

任用商鞅变法图强

秦孝公继位之时，当时秦国东边的六个强国韩、赵、魏、齐、楚、燕都已经成了气候。周天子的力量更加衰落，诸侯之间不断厮杀，互相吞并。秦国远处雍州（周室微，诸侯力政，争相并，秦僻在雍州），不能参加中原诸侯的会盟，被山东六国当作夷翟看待，并且时刻有被他国侵吞的可能。

这种政治局面使颇有雄心壮志的秦孝公忧心忡忡，他迫切希望能够恢复秦穆公时代那种"东平晋乱""西霸戎翟"的繁荣昌盛的局面。

秦孝公之所以要变法图强，主要出于两大原因：

一是对秦穆公业绩的仰慕，秦穆公当年"东平晋乱，以河为界；西霸戎翟，广地千里；天子致伯，诸侯毕贺"，孝公对穆公取得的丰功伟业与荣耀钦羡不已。二是对当时秦国地位低下的痛心，穆公时夺来的河西之地，又被夺走，东方诸侯看不起秦国，鄙视其为戎翟，不把秦国当成正式成员看待，这使秦孝公感到了强烈的耻辱（三晋攻夺我先君河西地，诸侯卑秦，丑莫大焉）。知耻而后勇，秦孝公痛感秦国必须变法图强，奋起直追。而要强大富强，超越六国，最需要的是什么？是人才。

所以，秦孝公决心求贤。秦孝公求贤不仅决心极大，而且撒开大网，范围极广。以他自己的话来说，选拔人才的范围是"宾客"和"群臣"。不仅限于秦国的"群臣"，六国来的"宾客"也不拒绝。这是面向全社会、面向全世界招募人才。

秦孝公为了使秦国强盛，比他父亲还积极，第一年就做了三件事：招募战士，明定功赏，颁布求贤令。他在求贤令中说道：

昔日秦穆公东平晋乱，以黄河为界，称霸西戎，广地千里，甚光妻至躁公、简公、出子时，大臣干政，家国不宁。三晋趁机夺我河西之地，诸侯视我为戎狄，丑莫大焉！秦孝公即位，镇抚边境，迁都栎阳，想恢复秦穆公的旧地，重振秦穆公的光荣。每次想到他的心愿，我就痛心不已。宾客群臣，谁能壮大我秦国，就赏给他高官厚禄封地。

求贤令颁布以后，还在东边跟魏国打了一仗，在西边与戎狄打了一仗，阵斩西戎之源王（位于甘肃天水）。

公孙鞅听说秦孝公招贤，决定去秦国碰碰运气。

他是外乡人，谁都不认识，用了两年时间，通过秦孝公的宠臣景监，才有机会见到秦孝公。景为楚国三大姓之一，景监在秦国当宠臣，也许他是楚国战俘的后人？反正他和卫鞅都是外国血统。这里，司马迁一下子把他的名字由公孙鞅改记为卫鞅，似乎暗示了某种变化。

商鞅得到了秦孝公的重用，商鞅开始变法。

新法第一年，百姓苦之；三年后，百姓便之。因为这样的功劳，秦孝公六年，卫鞅授爵为左庶长，第十级。

变法十年，秦人很高兴，道不拾遗，山无盗贼，家家丰足。人民勇于公战，怯于私斗，乡邑大治。当初那些说变法不好的人现在又来说好，卫鞅说他们都是乱化之民，全部迁到边境去。此后秦人再不敢说变法的好坏。

秦国很快强大起来。这是卫鞅的功劳，也是秦孝公的功劳。面对太子党与贵族守旧势力的反对，唯有秦孝公全力支持，卫鞅才能彻底改革。历史多闻商鞅变法，而不论秦孝公，这是一个疏漏。秦孝公站得高、看得远，才会全力支持改革。秦孝公这个"公"，比魏惠王那个"王"，其实高明得多。

商鞅搞经济改革很行，政治军事谋略也行。

秦孝公即位时就表示要收复河西之地。现在国力已经强大，于是决定对魏国用兵。

七年，秦孝公与魏惠王相会于河西杜平。

八年，与魏国在魏长城外打了一仗，歼敌七千，取少梁城。

十年，升卫鞅为大良造，第十六级爵位，率秦师围攻魏国旧都安邑，攻取之后又撤走。此时魏国迁都已经十年，不怎么重视安邑了。

十一年，卫鞅率秦师包围魏国固阳，迫敌投降。

十二年，筑咸阳城。秦人起于甘肃天水，迁都六次，最后定于咸阳。

又进一步深化改革，全国并为31县（又说41县），耕地、赋税进一步合理化，也尝试改革度量衡。

四年后，公子虔又犯法，割了鼻子。秦国富强以后，周天子和诸侯都来表示祝贺。看来中原并没有把秦国当作真正的戎狄和虎狼之国，不过是从道德上藐视秦国罢了。从根本上讲是一种嫉妒，夹杂了清高、羡慕、无可奈何、无能为力等复杂情愫。

魏国也在考虑如何反击。先在河西与秦国打了一仗，逼秦孝公与魏惠王修好。此时魏国号称"拥土千里，带甲三十六万"（《战国策·齐五》苏秦语），刚刚攻下赵国的邯郸，威震天下，又带着十二诸侯朝见周天子，商量如何狠狠打击秦国。

秦孝公怕了，紧张得寝不安席，食不甘味，城墙上摆满兵器，敢死队各置将领，处于一级战备状态，只等魏国来攻。

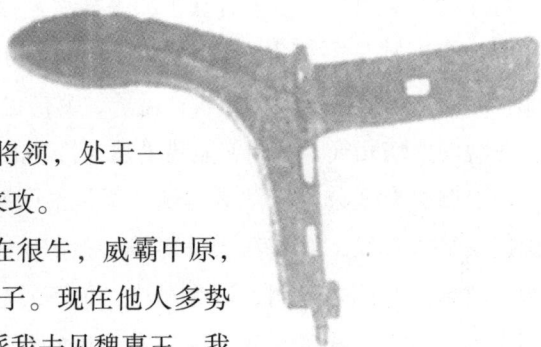

商鞅戟

卫鞅说："魏国现在很牛，威霸中原，又带着十二诸侯朝见天子。现在他人多势众，一秦不敌大魏。请派我去见魏惠王，我一定有办法打败他。"

秦孝公同意。

于是卫鞅来见魏惠王说："大王的功劳很大，整个中国都听您的命令。但大王率领的十二诸侯都是小国，还不足以王天下。齐、楚才是大国。如果大王联合燕国打击齐国，联合秦国攻击楚国，赵、韩夹在中间，必然归附于您。再以此威服天下，可成就霸王之业。您不如先称王，然后打击齐、楚。"

魏惠王果然中计，开始扩建宫室，制作王衣，竖九旄之旗，旗上画朱雀七星，把自己当作王看。这可惹怒了齐国。王是最高的称谓，在诸侯之上。齐威王任用田忌、邹忌、段干纶、孙膑等人才，卓立于东方，实力与魏国不相上下，看魏惠王如此猖狂，于是决定打击魏国。随后就发生了著名的马陵之战，结果魏国大败，损兵十万，大将庞涓被杀（更可靠的说法是羞愧自杀），太子申被俘，魏惠王亲自来齐国折节称臣，齐威王才罢休。齐国的军师就是那个著名的孙膑，孙武的后裔，因为腿被庞涓使坏弄残了，又称孙跛脚、孙瘸子。

这是秦孝公二十一年（前341年）的事。

魏惠王其实是个自大狂，自以为了不起，根本没有看明白天下形势，更不知卫鞅的一肚子坏水：只要魏国与齐、楚交战，不论谁赢，秦国都能得利。卫鞅的谋略并不高明，不过是针对魏惠王的弱点，不断给他戴高帽子迷惑他而已，竟然成功了。

不是卫鞅太厉害，而是魏惠王太糊涂——从他连失商鞅、孙膑两大奇才就能看出来。也没有真正的王霸之才提醒他：公叔痤不会打仗，明明知道商鞅是个人才，又不能说服魏惠王用他、杀他；庞涓嫉贤妒能，心胸狭窄，不是大将的料；孟子、邹衍也不过是两个书生。

魏国大伤元气，秦国怎能错过趁火打劫的机会？

卫鞅对秦孝公说："秦与魏，不是秦国并魏，就是魏国并秦。魏国以安邑为都城，以黄河为分界线，独擅山东之利。利则西并秦，弊则东收地。今国君贤明，国力昌盛，何不趁魏国新败，大举伐之？魏国受不了打击，必定东迁。他一走，正好给秦国让路。秦国凭据山河险固，东向制诸侯，此帝王之业也。"

于是卫鞅带兵伐魏。魏国派公子卬率兵还击。

卫鞅又使小计，写了一封信，跟公子卬说："以前我在魏国的时候，我们的关系很好。这次刀兵相见，实在不忍心。不如这样，我们见个面，聚一聚，喝杯酒，然后各自罢兵，对魏国、秦国都好，如何？"

公子卬居然相信了，结果在宴会上被活捉。魏军失了主帅，大败而去。

魏惠王连吃败仗，土地一点一点减少，国力空虚，深感恐惧，只得割让河西，与秦国讲和。

司马迁说，秦国得到河西，安邑太靠近秦国，缺乏安全感，魏惠王为了避开强秦，于是徙都大梁。司马迁显然搞错了。魏惠王也终于说出了那句话："我后悔没听公叔痤的话啊。"其实他并没有悔悟到问题的本质。不用卫鞅，不杀卫鞅，只不过是魏国衰落的外因。当秦国、齐国都开始强大时，魏国已经有危险了，但他不自知。"愚者墨守成规，智者预见变化"，卫鞅的话一点没错。

卫鞅得胜回秦，秦孝公把商於15城封给他，号为商君。从此称商鞅，原来的名字逐渐被人淡忘。

秦孝公二十四年 (前338年)，秦攻魏之岸门，活捉大将魏错。

魏国越来越不行了，四年三战，连续损兵折将：马陵之战死大将庞涓，太子申被俘；卫鞅击魏，活捉大将公子卬；岸门之战，再失大将魏错。魏国败得很惨，由一等强国降级为二等强国，开始了饱受秦国摧残、蚕食的痛苦命运，直至115年后被秦始皇灭国。

可以说，没有秦孝公的励精图治，就没有商鞅的大展宏图；没有商鞅的大刀阔斧，也就没有秦孝公的丰功伟业。

秦惠文王的谋略

攻魏弱魏的谋略

公元前 338 年，秦孝公去世，年仅 17 岁的太子嬴驷继位，这就是秦惠文王。《史记》称秦惠文君，而不称秦惠文公。14 年以后，自封为王，称秦惠文王。

魏文侯以来，魏国把河西之地分成两个郡，包括洛水与黄河之间的大片土地，呈一个倒三角形，下面是西河郡，上面是上郡。魏惠王割让给秦国的，只是西河郡的一部分。秦惠文君杀了商鞅，但没有改变他的谋略，所以第一步就是如何全部占有河西之地，恢复秦穆公故地。

秦惠文君五年 (前 333 年)，以魏国人公孙衍为相。这个人脑袋长得像犀牛头，《战国策》干脆称他为犀首 (《资治通鉴》说他在魏国做官，官名犀首，所以叫犀首)，爵位与商鞅同，也是大良造。

秦惠文君七年 (前 331 年)，犀首率兵北上攻魏上郡，斩首 45000 人，活捉魏将龙贾，夺其雕阴 (《史记》与《资治通鉴》说法不一，今从《资治通鉴》)。同时也向东用兵，包围焦、曲沃 (都在河南三门峡市西)。魏国无可奈何，只得把西河郡全部割让给秦国了事。但秦国不会满足，上郡还在魏国手中，必须夺回来。

秦惠文君九年，秦国渡过黄河攻魏，夺取汾阴、皮氏 (今山西万荣、河津)。

公孙衍率魏军攻楚。为了破坏秦、楚联盟，魏国愿把上郡送给秦国。

张仪对秦王说："不如派兵助魏。魏国打赢了，必听命于秦国，献出上郡；打败了，也守不住，大王派兵去夺就行了。"

秦惠文君从刚刚夺得的皮氏地区抽调一万秦卒 (估计其中一部分是从当地征来的新兵)，车百乘，助魏攻楚。公孙衍打败楚威王，也消耗了魏国国力。秦国派人来要上郡，魏国耍赖，不肯给。

有一个谋士对秦王说："您何不派人去跟楚王说：'魏国答应把上郡送给秦国，现在他耍赖，不如我们联手。魏国害怕秦、楚联合，必定把上郡送给秦国，等于是楚国把上郡送给秦国，秦国也必然会感谢楚国，资助楚国。要是魏国不出地，楚攻其南，秦击其西，直接把他灭了。'"

秦王派人联络楚国。楚国大肆宣扬此事，说要与秦国合作。魏国害怕了。

秦惠文君十年 (前328年)，公子华与张仪率秦师攻魏，取蒲阳 (山西隰县)。张仪向秦王献计：把蒲阳还给魏国，再派一个秦国公子去魏国当人质，用外交手段迫使魏国献出上郡。

张仪作为秦国代表来到魏国，跟魏王说："秦国对魏国这么好，魏国不可以对秦国无礼。"魏王只好同意把上郡十五县割让给秦国。秦国软硬兼施，终于用和平手段得到上郡。

秦王选择张仪为相，陈轸只好投奔楚国。这应该是军功爵位制度的一个产物，张仪有现实的功劳，陈轸却没有。

商鞅用武力夺得西河郡的一部分，公孙衍也用武力夺得西河郡的一部分，张仪用和平手段帮秦国得到上郡全部。至此，河西之地尽入秦国版图。此事对秦国意义重大：一方面，秦国终于获得进可以攻，退可以守，东向夺取天下的地缘优势；另一方面，又得到张仪这个人才。后来的事实证明，公孙衍奔魏，陈轸奔楚，都兴起过一阵风浪，但没有大作为，张仪则帮秦国捞到很多好处。

秦国数代国君的梦想，经过秦献公、秦孝公、秦惠文君、商鞅、公孙衍、张仪等人的努力，终于在公元前328年得以实现。此时，秦穆公已经死去298年。

接下来的三年事情不多。义渠国变成秦国的一个县，义渠君称臣。秦国把焦、曲沃还给魏国。魏国、韩国称王。看韩国这样的小国都敢大大咧咧地称王，张仪也鼓动秦惠文君称王。

秦惠文君十四年 (前324年)，秦惠文君称王。秦惠文王元年，张仪为将，带兵攻魏，夺一城，逼居民迁回魏国。筑上郡塞。

魏相惠施已经看清形势，秦国才是魏国最大的敌人，不是直接攻打魏国，就是想着法子削弱魏国；魏国在东边与齐国、楚国争战，根本没有得到任何好处，反而是秦国时时在从魏国身上捞取好处。所以他请求魏王与各国停战，联合齐、楚、韩等国，共同抗秦。于是魏王、齐王连续两年两次相会。

秦国对此高度警惕。

秦惠文王二年 (前323年)，秦相张仪与齐、楚之相搞了一次高级会谈，目的是联合三个大国，拆散魏、齐联盟。公孙衍是魏国大将，他的看法与惠施一致，在此时搞了一个魏、韩、赵、燕、中山五个小国的相会，目的是谋求小国在大国挤压之下的生存权。

张仪的活动可以视为连横的雏形，联合强国攻击众弱。惠施、公孙衍的活动可以视为合纵的雏形，联合众弱对抗强国。到战国后期，山东六国都衰落以后，合纵连横才演变成专门对抗秦国的谋略。

当时的地理形势是，秦国东出，齐国西进，楚国北上，都必须控制魏国。但秦国行动最积极。

秦惠文王三年 (前322年)，魏国、韩国太子都来朝拜秦国。张仪辞去秦相，出任魏相。张仪相魏，其实是张仪设计的秦国称霸谋略的第一步：到魏国去搞阴谋诡计，魏国向秦国称臣，别的国家自然屈服。

张仪到了魏国，提出秦、魏、韩三国联合，共同打击齐、楚，真实用意是拆散魏国与齐、楚的合作，然后更好地打击魏国。可能他带了很多钱财来收买人心，竟然有很多人帮他说好话支持他，反对惠施的抗秦主张。

惠施跟魏王说："一件小事，说好说坏，各占其半，何况国家大事？魏、秦、韩三国联合攻击齐、楚，就是大事。现在大臣都说一样的话，听不到另一种声音，等于您的耳朵被堵塞了一半。"

惠施被挤走，去了楚国。魏王也没有听张仪的。秦国再次派兵攻魏，夺曲沃、平周。又悄悄给张仪很多好处，让他继续同化魏王。

张仪还有一个死对头公孙衍。

有一个人在魏王面前诽谤公孙衍。公孙衍想报复他，跟张仪说："我去请求大王把王位让给你，大王做尧、舜一样的大圣人，但你不要接受，要像许由那样推辞。我再请求大王赏给你万户。"张仪就派那个人频频来见公孙衍。魏王听说这个人与公孙衍过往密切，自然就不信他了，此人只得逃走。

可见张仪与公孙衍并不是真正的冤家对头，为了某些利益，他们还是会联手。但这种合作并不长久。齐、楚是不乐意看到魏、秦合作的，会想办法进行干涉。公孙衍更没闲着，他做了三件事。

第一件事。

张仪想当魏相，对魏王说："我劝秦国出师攻打三川郡，大王趁机出兵攻打南阳郡，韩国必亡。"秦惠文王六年 (前 319 年)，秦国出兵攻韩，夺一城。

公孙衍又派人去跟韩国的执政大臣韩公叔说："张仪想联合秦、魏制韩，说什么魏攻南阳，秦攻三川，韩国必亡。魏王看重张仪，就是因为他想得到土地。不如把此事委托给公孙衍。公孙衍有功劳，魏、秦联盟自然就散了。魏国抛弃张仪，与韩国合作，自然以公孙衍为相。"

韩公叔觉得这样对韩国更有利，于是交出南阳，作为公孙衍的功劳。公孙衍果然当了魏相。

第二件事。

义渠君来见魏王。

公孙衍对义渠君说："你的国家那么远，今后很难再见面。我有重要事与你商量。"

义渠君说："你说。"

公孙衍说："中原各国不攻打秦国，秦国定会攻打你。中原各国攻打秦国，秦国定会结交你。"

义渠君说："你的意思我懂了。"

第三件事。

公孙衍发动五国攻秦。

秦惠文王七年（前318年），在公孙衍的努力下，以楚怀王为纵长，魏、韩、赵、楚、燕五国伙同匈奴一起攻函谷关。秦开关迎敌，五国不胜而还。司马迁说是苏秦发动的这次合纵攻秦，显然搞错了。齐国本来答应参加，但没有来，可能是想坐收渔利。这是山东六国发动的第一次合纵攻秦，匈奴也是第一次出现。

不知为何，陈轸此时在秦国。他对秦王说："义渠君很能干，是个贤明君主。何不贿赂他，安抚其心，免得他攻秦侧背。"

秦王说："好。"

挑出一百个美女、一千匹纹绣送给义渠君。

义渠君收到礼物，召群臣来商议："这就是公孙衍前面说的中国在攻打秦国吗?"

于是出兵袭秦，大败秦兵。四年后，秦国腾出手来，转身灭了义渠君，置为25县。

秦惠文王八年（前317年），秦将樗里疾带兵与魏、韩、赵大战，大败之，斩首八万二千级，活捉一员大将。齐国也趁机攻打魏、赵。公孙衍也混不下去了，跑去当了韩相。

吃了这么多亏，魏王才觉得张仪的话仿佛没错，想派张仪来跟秦国谈判讲和，韩国也有此意，于是张仪回到秦国，复为秦相。魏国的尴尬局面现在已经很清楚：与齐国合作，秦攻其西，与秦国合作，齐攻其东，还不说南面的楚国；跟谁都不合作吧，灭亡得更快。

合纵连横的第一次斗争在此告一段落。主要人物是公孙衍和张仪。公孙衍流亡韩国，张仪回到秦国，天下暂时相安无事了几年（但局部没有平息）。"一怒而诸侯惧，安居而天下熄"，孟子说得没错。

秦王与张仪的谋略目的达到了，既是他们内外合作的成果，也与公孙衍的失败紧密相关。魏王不听张仪的，也不听惠施的，不是因为他高明，而是在观望公孙衍正在发起的合纵效果；合纵失败，向秦国屈服，更不是因为他明智，而是因为他短视。他与商鞅说的"智者见于未萌"恰恰相反。

秦并巴蜀的谋略

秦惠文王九年，秦国西南方向的两个小国发生战争，都来告急。

蜀王封弟弟于汉中，名为苴侯，都邑叫葭萌。蜀国和巴国一直有仇，苴侯却跟巴王很好，蜀王很生气，派兵攻打苴侯。苴侯逃到巴国避难，求救于秦。

蜀在成都，巴在重庆，同属四川盆地，但是两个文化系统，两国也时常彼此征战。秦国通巴蜀，要向南越过秦岭和大巴山。两大山脉东西而行，中间是汉中盆地，隔绝了秦国与巴蜀的联系。

秦惠文王时期，四川盆地因为岷江雪水涌入，大都是沼泽，民众也被视为夷狄，不与中原相通。鱼凫、蚕丛、巴、蜀，字形都与虫兽相关，可见他们被中原歧视的程度。直到秦昭襄王末期，由于李冰父子筑都江堰，成都平原才逐渐成为天府之国。

秦惠文王想出兵攻蜀，但蜀道难是出了名的，不好走，恰好韩国又来惹事，扬言要出兵攻秦。

秦惠文王犹豫不决，先攻韩吧，又怕错过伐蜀，先伐蜀吧，又怕韩国乘其弊，于是召集大臣商量。

司马错建议伐蜀。

张仪说："不如伐韩。"

秦惠文王说："请说得详细一点。"

张仪说："联合魏、楚两国，我们攻打韩国的三川郡，魏国攻打韩国的南阳郡，楚国攻打韩国的都城新郑，周王朝赖以生存的两个小国东周和西周自然不保，乘势进逼周王朝，迫其交出九鼎重器。九鼎宝器是大禹命令铸造的，象征天下王权。周王朝知道守不住，必然交出九鼎宝器。有了九鼎重器，挟天子以令诸侯，天下谁敢不从？这就是帝王之业。蜀国又偏又远，与夷狄没有区别，土地也贫瘠，除了劳神费力之外，得不到任何好处。我听说，'争名者于朝，争利者于市'，韩国与周王朝就是天下的朝市。不积极争夺王业，去攻打夷狄一样的蜀国，岂不是距王业越来越远？"

张仪的谋略目标是，用外交手段联合魏国、楚国，直取天下中央，控制王权，挟天子以令诸侯，窥帝王之业，说得秦惠文王心动不已，隐隐透出秦国想统一天下的谋略企图心。

司马错说："不对。我听说，富国者先广其地，强兵者先富其民，欲称王者先大其德。现在秦国地小民贫，我觉得应该先从容易的事情入手。蜀国虽然偏远，但容易攻取，也不会损害其他国家的利益。它的土地可以扩大疆域，它的财富可以充实国库，杀伤不多就已经屈服。我们吞灭一个国家，诸侯不觉得残暴；我们尽得蜀川之利，诸侯不觉得贪婪，还有禁暴正乱的美名。这是名利双收的好事。更为重要的是，蜀水直通楚国，而巴国人人佩剑，个个好斗，可谓劲卒，乘大船顺水东下，可灭楚。得蜀则得楚，得楚则可得天下。攻打韩国，劫持天子，这是一种恶名，也无实际利益，还会激怒诸侯。为什么这么说？周王至少名义上还是天下共主。他失去九鼎重器，韩国丢了三川郡，他们会无动于衷吗？肯定会联合齐、楚、魏、赵，那就危险了。所以我觉得还是伐蜀比较完备，既得实利，又无恶名。"

司马错从"地小民贫"的现实情况出发，建议先壮大自己，再谋取天下，是一种务实的态度。夺得巴蜀之地，顺江东去灭楚，然后吞并天下，也是一个清晰的谋略蓝图，有很高的战略价值。司马错注重实利，可以归入法家。

张仪的谋划就在眼前，称霸中原似乎唾手可得。司马错的话也不错，但时间很长，且蜀道艰险，兵力运转困难，也有点舍近求远。如果把当初魏惠王迁都大梁的决策与张仪做一个比较，似乎可以看到张仪的缺点。一是过分注重外交手段，外交固然重要，但不能解决所有问题。二是只看到挟天子以令诸侯的好处，没有看到危害。山东六国实力还强，秦国不可能因为劫持了天子，就号令天下。在实力不具备的时候，去谋求过分的目标，不仅难以如愿，反而惹火烧身，让秦国成为众矢之的。在最激烈处竞争，即使你胜了，也难免伤痕累累。谋国事大，诚不易也。

秦惠文王最终采纳了司马错的意见。

秦惠文王九年 (前 316 年)，张仪、司马错率兵伐蜀。他们走的那条路叫石牛道。蜀王战败，投降称臣，降级为蜀侯，秦国大臣陈庄相蜀，从政治、军事上控制蜀地。又顺手牵羊灭了苴侯、巴国，活捉巴王。四川盆地、汉中盆地都纳入秦国版图，"秦以益强，富厚，轻诸侯"。

秦并巴蜀有两重谋略价值。

一是对楚国形成两面钳击的有利态势。原先秦国只有武关一条路沿丹水南下攻楚，出兵路线单一，道路绵长，兵力运转、后勤补给都有困难，更何况魏、韩在其侧背，道路随时有被切断的危险。并有巴蜀，情况就不同了，秦有其利而楚承其弊。长江横贯楚国心腹，秦兵顺江东去，即可严重威胁楚国都城。另一路秦军出武关，对楚国形成钳形夹击，楚国就有的受了。

二是丰富了进取中原的路线。以前只有东出中原一个选择，如张仪所描绘的那样。现在东攻三晋，南击楚国，两条路线可以交替进行，互相配合。以后的事实也证明，在这两个方向上，秦国把三晋和楚国打得喘不过气来，严重削弱了它们的力量。从中也隐隐看出"远交近攻"的谋略雏形。

灭定巴蜀以后，秦国回转身来，开始收拾韩国。秦惠文王十年 (前 315 年)，秦伐韩，取一城。秦惠文王十一年 (前 314 年)，秦大兴兵伐韩，战于主门 (河南许昌)，楚兵不救，韩国大败，斩首万级。公孙衍为韩将，再次逃亡，不知所终。韩太子入秦为人质。秦国还三次伐赵，一次攻魏，把三晋都修理了一遍。

张仪欺楚的谋略

秦国在打击三晋的同时，齐国则助楚攻秦，取曲沃。秦王想打击齐国，但路途遥远，中间还隔着魏国、赵国，不好用兵，就问张仪："我想伐齐，但现在齐、楚交欢，你看如何是好？"

张仪说："你给我车马钱币，我来试一试。"

秦惠文王十二年 (前 313 年)，秦王对外宣称，张仪免去秦相，出使楚国，目的是拆散楚、齐联盟，然后打击齐国。

张仪来到楚国，楚怀王待为上宾，尊敬地问道："张先生，此僻陋之国，您对于我们的未来，可有什么指教？"

楚怀王这话很有问题。不耻下问是对的，虚心请教也是对的，但楚国国土面积最大，占了差不多半个中国，还自称"僻陋之国"，有失国格。

张仪说："秦王最尊敬的人，莫过于大王您。我张仪最甘愿跟随的人，也莫过于大王您。秦王最憎恶的人，莫过于齐王。我张仪所憎恶的人，也莫过于齐王。现在齐王深深地伤害了秦王，秦国正打算攻伐他们，但楚国与齐王交欢，所以秦王无法尊敬您，我也无法做您的臣子。大王真听我的，就跟齐国绝交，我保证秦王把商於六百里土地献给大王，还有秦国的美女与大王为妾。秦、楚相互嫁娶，成为兄弟之国。既削弱齐国，又交好秦国，还得到商於六百里土地，一举三得，多好的事。"

商於六百里地靠近武关，是秦国南出攻楚的要地，自然也是楚国北上攻秦的要地。

楚怀王大喜，在朝廷上公开宣布说："寡人得到商於六百里土地。"

天天摆酒设宴，群臣都来祝贺。只有陈轸后来，也不表示祝贺。

楚怀王说："寡人不费一兵一卒，就得到商於六百里土地，我真是太聪明了。大家都来庆贺，唯独你不表示，是为什么啊？"

陈轸说："以我看来，您既得不到土地，还会惹来祸患，所以我不敢妄自祝贺。"

楚怀王说："为什么？"

陈轸说："大王您想想，秦国为什么重视您？是因为您和齐王交好。现在还没拿到土地就与齐国断交，楚国就被孤立。秦国会看重一个孤立无援的楚国吗？又怎么会把土地给您？要是您想先得土地后绝齐国，秦国肯定不会答应。要是你先绝齐国后索土地，必定上张仪的当。结果齐、秦二国都得罪了，两国兵至，灾祸就大了。"

陈轸是一个聪明人，一眼看穿张仪的谋略企图，接着说："以我的意思，不如暗地里交好齐国，但表面上绝交，一面派人跟张仪去秦国。秦国确实给您土地，再绝交齐国也不迟。如果不给，正好揭穿他们的阴谋。"

楚怀王不听，说："你不要说了。等着看我拿到土地吧。"

楚怀王任命张仪为楚相，给了他很多财宝，宣布跟齐国断交，同时派一位将军随张仪入秦取地。齐国派使者来，一律回绝。

张仪回到秦国，假装摔坏了腿，三个月不出门。

楚怀王听说此事，说："难道张仪是不相信我绝交齐国的诚意吗？"却不知道秦国已经悄悄派人出使齐国。楚怀王愚蠢透顶，根本不懂天下形势，竟然派人去把齐王大骂一顿。齐王气不过，折断楚符，与秦国交好。

张仪这才出门，对楚国使者说："你怎么还不受地？我有封邑六里，愿意献给你们大王。"

使者说："我受楚王的命令，是六百里，不是六里。"

张仪说："我不过是一个小人物，哪会有六百里？"

使者还报楚怀王。楚怀王怒不可遏，欲发兵攻秦。

陈轸说："我可以说话吗？攻秦不是办法。不如割地给秦国，联手伐齐，我们虽然丢了土地，但能从齐国那里得到补偿，楚国还是完整的。否则，与齐国已经断交，又与秦国打仗，国家会蒙受巨大灾难。"

陈轸的主意并不高明，与前面韩国大臣说的话相似，不知道史料是不是有点问题。愚蠢的楚怀王根本听不进去，也无任何谋略，以屈匄为将，发兵攻秦。

秦惠文王十三年 (前 312 年)，秦国与楚国的战争就这样爆发了。

武关是楚国仰攻秦国的唯一路线。楚军沿汉水、丹水逆行而上，望武关进发，想用武力夺取商於六百里土地。屈匄似乎并不莽撞，派使者与秦国讲和，秦王也开关迎纳使者。秦王的本意是拆散齐、楚联盟攻齐，还不想与楚国为敌。

大臣甘茂说："若害怕楚国，会破坏我们与魏国的关系，楚国定会说'秦国出卖魏国'。魏国与楚国联手，对我们很不利。大王不如派使者去联络魏国，魏国一定高兴。稳住魏国，就可以从楚国那里夺取更多土地。"(《战国策·秦二·甘茂约秦魏而攻楚章》)

于是秦王以魏章为将，樗里疾、甘茂辅之，率秦军出武关迎敌，在丹阳 (河南西峡县西丹水地区) 大败楚军，斩首八万，活捉楚将屈匄及逢侯丑等各级将官 70 余人，乘机扩大战果，夺得楚国的汉中郡 (非秦国汉中郡)。秦国关中、汉中与巴蜀及楚汉中连成一片，对楚国的军事态势更加主动。

楚怀王输红了眼，集中全国的兵力要跟秦国拼命，竟然一路打到秦岭北麓的蓝田 (陕西蓝田县西。一说湖北钟祥西北，疑莫能定。这里暂从《中国军事通史战国卷》)，距咸阳只有 60 公里。秦惠文王急了，这是秦国从未有过的危急时刻。此前，也包括此后，从没有哪个国家可以这样威胁咸阳。为了动员国人抗楚，秦王还发布了一道《诅楚文》，祈求神的保佑，帮助秦国打败楚国。

韩国原来是打算援助秦国的，看楚国气势，立刻当了叛徒，站在楚国一边。当楚军在蓝田遭到重创时，韩国又叛变了，伙同魏国南下攻楚，是典型的趁火打劫。楚怀王害怕两面受敌，割让两城求和，然后退兵。

秦惠文王十四年 (前 311 年)，秦国想用汉中郡一半土地与楚国讲和，谋略目的是想继续欺骗楚怀王，割断楚国与齐国的联盟。蓝田大战以后，楚国派屈原出使齐国，想与齐国恢复邦交。

楚怀王说："我只想要张仪，不想要土地。"楚国太有土地了，所以只想得到张仪，好出胸中一口恶气。

秦惠文王的本性就表现出来了，他很想让张仪去楚国，但又不知怎么张口。张仪真是一个好部下，见此情形，主动提出去楚国。

秦惠文王说："楚怀王是成心要得到你，你去了怎么办？"

张仪说："我与楚怀王的近臣靳尚关系很好。靳尚又刻意奉承楚怀王的爱姬郑袖（估计这个女人是郑国后裔，郑国美女是出了名的），楚怀王对她可谓百依百顺，事事听从。商於六百里地那事，我也确实有点对不住楚国，如今又发生大战，两国交恶，我不去楚国谢罪，楚国肯定不会善罢甘休。而且有大王您在，楚国不敢把我怎么样。就算杀了我，只要对秦国有益，也是我的所愿。"

张仪这一番话，把事理、情义都讲到了，不知秦惠文王听了做何感想。政治无情，秦惠文王无法多想。

张仪到了楚国，先用重金买通靳尚。楚怀王都懒得见他，直接把他下了狱，打算杀掉。

靳尚对楚怀王说："拘押张仪，秦王必怒。诸侯看楚国得罪秦国，就不会重视您。"又对郑袖说："秦王很看重张仪，大王想杀他，秦想用上庸六县来交换张仪，还想把美人嫁给大王，顺带赠送歌舞美姬作为她的婢女。大王重地，秦女必贵，夫人您就失势了。不如您去跟大王说，让他放了张仪，秦国美女就不会来。"

靳尚晓得郑袖妒嫉心重，故意捏造了这个谎言。

现在，郑袖听靳尚这一说，又动起了歪脑子，日夜跟楚怀王吹枕边风："人臣各为其主。秦派张仪来，是看得起您。您不具礼，反要杀他。你杀了他，秦国大怒，必会出兵攻楚。我想还是和孩子躲到江南去吧，免得当秦兵的鱼肉。"这是一个聪明的女人，可惜没有用到正道上。

于是，楚怀王就这么把张仪放出来了，还当作贵宾。张仪又跟楚怀王说了一通绝齐合秦的诡辩术，与秦国结为亲家，然后回国。

张仪离开楚国后，屈原从齐国回来，听说此事，对楚怀王说："为何不杀了张仪？"

楚怀王后悔，赶紧派人追，但已追不上了。

就在这一年，秦惠文王死了。秦惠文君13年，秦惠文王14年，总共在位27年。秦惠文王一死，张仪就在秦国混不下去了。

秦武王还是太子的时候，就讨厌张仪，等他继位以后，群臣日夜毁恶张仪："他靠着一张嘴，左右卖国取荣，大王再用他为秦相，必为天下笑。"

张仪奔魏，一年后，死了。

秦武王的谋略

君臣盟誓

秦武王二年 (前309年)，秦国首次设置丞相，作为君王的助手。丞，就是承；相，就是助。樗里疾为右丞相，甘茂为左丞相。

樗里疾，秦惠文王异母弟，母亲是韩国人。樗是树名，他生活的地方有一株大樗树，所以叫樗里，疾是他的名字。樗里疾滑稽多智，人称"智囊"。他为秦国立下不少战功。第一次带兵伐魏，夺曲沃。第二次带兵与魏、韩、赵联军大战修鱼，斩首八万二千级。第三次带兵伐魏，取焦。第四次带兵攻赵，活捉赵国大将，夺一城。第五次协助魏章攻楚，活捉楚将70余人，斩首8万。

甘茂，楚国下蔡人，学百家之术。张仪、樗里疾推荐给秦惠文王，用为将，协助魏章攻楚，夺楚汉中郡。秦武王元年，蜀地造反。甘茂带兵平定蜀乱，回来以后，被任命为左丞相。

秦武王三年 (前 308 年)，秦王、韩王相会。适逢韩相去世，于是樗里疾 (他母亲是韩国人) 相韩，暂时离开了秦国一段时间。

秦武王跟甘茂说："寡人想东通三川，以窥周室，就算我死了，也能够不朽。"三川郡是韩国地盘，再往东就是周王室的洛阳。

甘茂说："请派我去说服魏国一起伐韩，向寿可以当我的助手。"

向寿是秦武王的亲信。

甘茂到了魏国，对向寿说："你回去跟大王说：'魏国已经同意出兵。但请大王暂时还不要出兵伐韩。'事成以后，功劳都归你。"

向寿回来，跟秦武王做了汇报。秦武王出兵心切，亲自在咸阳东郊的息壤等甘茂。息壤是一个地名。当年大禹的父亲鲧治水，用的就是息壤。按照顾颉刚的考证，咸阳东郊的息壤，是由于地下水丰沛，常常使地表突出隆起 (这个说法似乎缺乏科学依据)。息是生长的意思。

甘茂回来，秦武王问他为何不能马上出兵。

甘茂说："宜阳是一个大县，相当于一个郡，韩国在此重点设防。大王冒着崤山通道的各种危险，兵行千里攻宜阳，困难很多。我听说张仪西并巴蜀之地，北取西河之外 (魏国上郡)，南取上庸 (楚汉中郡)，天下不认为是张仪能干，而认为是先王贤明。魏文侯派乐羊攻中山国，三年才打下来。乐羊回来论功，魏文侯拿出一竹筐谤书给他看。乐羊赶紧跪拜叩头两次，说：'这不是臣的功劳，都是大王的功劳。'我是外来之臣，樗里疾、公孙奭是秦国公子。他们现在亲近韩国，您一定会听他们的。您亲韩，就等于欺骗魏王，我则被韩相公仲佣怨恨。当年孔子的弟子曾参在费，有一个人跟他同名同姓，杀了人。有人跟曾参的母亲说：'曾参杀人了。'曾参的母亲说：'我儿不会杀人。'纺织如故。又有人来说：'曾参杀人了。'曾母仍然纺织如故。又有人来说：'曾参杀人了。'曾母终于怕了，扔下纺锤，翻墙而走。曾参是贤君子，以曾母对他的了解，连续三个人都说他杀人时，曾母也不信任他。我不如曾参贤德，您也不像曾母信任曾参那样信任我，怀疑诽谤我的又何止三个人呢？我也担心您到时扔下纺锤啊。"

秦武王听懂了他的意思，说："好，寡人决计不听那些谗言。我们在这里盟誓明志。"

于是君臣二人在息壤盟誓。

宜阳之战

宜阳在今河南宜阳西北、洛河北岸的韩城镇，当时为韩国所有。这里有一个秦王寨村，据说就是因为当年秦兵所筑营垒而得名。洛河从崤山和熊耳山之间流出来，经过宜阳之后与伊水汇合，再经过洛阳，最后汇入黄河。秦武王说的"东通三川"，意即打通黄河、洛河、伊水，使车马通行无阻，直入洛阳。宜阳依山带水，控扼崤函通道，东与中原相接。崤函险道160公里，秦国控制西段，韩国控制东段。宜阳正是东段上的军事重镇。所以秦武王要先夺宜阳，才能进攻周王室。宜阳境内有崤山，是韩国的西陲保障。韩国在此屯兵十万，物资可支数年，城高墙厚，并不容易攻打。何况秦国是远道千里来攻，增加了风险。当然还要考虑魏国、楚国的态度。更大的风险，是甘茂所担心的君臣相疑。

甘茂的谋略步骤现在已经很明白。他想帮秦武王实现心愿，又知道宜阳不易攻取，所以先去联络魏国。魏国肯出兵，就多一份力量；不出兵，只要不帮韩国，就等于是帮秦国。联络魏国的目的其实是稳住魏国。与秦武王盟誓的目的则是为了稳住秦武王，消弭君臣之间的疑忌。甘茂是明智的，也很冷静，清楚自己所处的客卿位置。

秦武王三年秋，甘茂率兵攻宜阳，五个月都没有打下来。

樗里疾、公孙奭果然在秦武王面前毁谤甘茂。秦武王动摇了，把甘茂召回来商量。

甘茂说："息壤就在那里。"

秦武王立刻醒悟过来，说："是啊。"于是增加兵力，要甘茂继续攻城。

楚国看秦、韩相持，决定不再亲秦，而出兵救韩。

东周国君 (不是东周王，此时为周赧王八年) 问赵累："你怎么看这事？"

赵累说："宜阳肯定被攻下来。"

东周国君说："宜阳城八里见方，不是一个小城，还有 10 万守军，粮食能吃好几年，韩相公仲佣率二十万人马，楚将景翠也率众来救，秦兵肯定无功。"

赵累说："甘茂是外国人，攻下宜阳才有功劳，攻不下来，就没脸在秦国混。秦王不听群臣兄弟的意见，执意要伐韩，攻不下宜阳，秦王也丢脸。秦王与甘茂都把攻下宜阳作为赌注，所以我说宜阳肯定会被攻下来。"

东周国君说："你帮寡人想想，我该怎么办？"

赵累说："您去跟景翠说：'你享有楚国最高的爵位，出任楚国最大的武官，胜利了，不能加官晋爵，不胜则死。不如等秦军攻下宜阳，你再进兵。秦军害怕你乘其弊，必献宝贝给你。韩相公仲佣感谢你救韩，也会献宝贝给你。'"

看楚国出兵救韩，秦武王也很担忧。

甘茂说："楚国虽与韩国结盟，但不会为韩国卖命，先与我战。韩国则担心自己在前面与秦国战，楚国却在后头搞鬼。韩、楚必互相观望。楚国嘴巴上说与韩国结盟，实际上又不想得罪秦国，所以我判断他们会互相观望。"

大臣冯章对秦王说："宜阳打不下来，韩、楚乘吾弊，国家会有危险。不如把汉中郡还给楚国。楚国不出兵助韩，韩国就不能怎么样了。"

秦王说："好。"

派冯章去结交楚国。楚国也派人支援甘茂，盘算着如何两边得利。

宜阳没攻下来，死伤甚众。甘茂也有些灰心，想罢兵。

楚国大臣左成说："国内有樗里疾、公孙奭攻击你，国外有韩相公仲侈憎恨你。现在无功而返，你将里外不是人。不如继续攻打宜阳。攻下来，你的功劳最大，樗里疾、公孙奭就没话说了，秦人反而会怨恨他们。"

于是甘茂继续攻城，擂鼓三次，竟然无人向前。秦军太疲惫了，甘茂无可奈何。

一员秦将说："您不讲兵法，必大困。"

甘茂说："我以客卿相秦，又以攻打宜阳来讨好秦王。现在攻不下宜阳，国内有樗里疾、公孙奭诽谤我，国外有韩相公仲侈憎恨我，我就没有立足之地了。明日再战，攻不下来，就把我葬在宜阳城下!"还拿出私财来重赏勇士。

第二天，擂鼓再战，终于攻下宜阳城，斩首6万。韩国派韩相公仲侈入秦谢罪，两国讲和。

楚将景翠果然在此时进兵。秦国怕连续作战打不过来，割让一城(煮枣，在山东东明县)，与楚国讲和。韩国也送来重宝。景翠得到秦国土地，收纳韩国重宝，因此感激东周国君。秦军师老力疲，又看楚军在侧，一时不敢进兵，东周国暂时得以保全。

攻下宜阳，秦武王来到洛阳，看见象征天下权力的九鼎，一时高兴，要力士孟说比赛举鼎。秦武王本人就是一个大力士，喜欢跟人比力气大，力士任鄙、乌获、孟说都因此当了大官。这次比赛他们举的是龙文赤鼎，应该不是九鼎。不幸的事发生了，秦武王当场折断小腿骨。秦武王四年 (前307年) 八月，不治而死。比赛受伤并不稀奇，稀奇的是历史文献第一次记录了这次事故。

孟说灭族，乌获下落不明。任鄙运气比较好，13年后当了汉中郡守，又6年才去世。

这一仗打了2年，赢得有些艰苦。秦武王动摇过，甘茂也动摇过，魏国态度在变化，楚国态度也在变化，有一个因素控制不好，就会无功而返。秦武王实现了东窥周室的愿望，秦国也在军事上、政治上赢得一个大胜利，不仅完全控制了崤函通道，而且把国境第一次推进至中原。函谷关是秦国的东大门。夺得宜阳，等于在国门前方增设了一个军事据点，更有利于秦军东出。

秦武王在位 4 年，因为时间短，谋略上并无明显建树。甘茂在内外猜忌、楚魏反复不定的情况下，综合运用各种手段，稳住秦王，联魏谋楚，虚心听取意见，果断鼓舞士气，在师老力疲的情况下攻取宜阳，确实很不容易。他的才华值得肯定，客观上也有利于秦国的长远目标。但他从个人利益出发，以满足秦武王的私欲为直接目标，把攻克宜阳作为自己在秦国立身的政治赌注，虽然有情不得已的苦衷，也不值得鼓励。

第五章

秦王嬴政那些事儿

秦王嬴政是中国数千年专制时代的第一位君临天下、叱咤风云的皇帝。六国养尊处优的君主嫔妃、王孙公主、皇亲国戚无一不胆战心惊地稽首跪地、俯首称臣。然而，傲视天下的秦始皇内心却是异常脆弱，因为他对身世一直讳莫如深。嬴政亲政之后，由于他的身世，以及他身边的权相吕不韦、他母亲的男宠嫪毐，对他独揽大权都有很大的影响。但是，秦王嬴政仅仅利用了三年时间，扫除一切障碍，收回权力。从此，开始实现他的雄才大略。

嬴政的身世之谜

私生子之说

秦始皇是继秦庄襄王 (子楚) 之位，以太子身份登上王位的。秦始皇之母赵姬，据说曾为吕不韦的爱姬，后献予子楚，被封为王后。那么，秦始皇到底是子楚的儿子，还是吕不韦的儿子，后人争议不休。

秦始皇是吕不韦的"私生子"吗？有两种说法：一个是"仲父"吕不韦，另一个是王父子楚 (即秦庄襄王)。他们俩到底谁是秦始皇真正的父亲呢？

《史记》中记载秦国丞相吕不韦本为河南濮阳的巨富，是远近闻名的大商人。但他不满足这种拥有万贯家私的地位和生活，野心勃勃，对王权垂涎三尺。

于是，吕不韦打点行装，到了赵国的国都邯郸，精心策划一个大阴谋，将正在赵国当人质的秦王的孙子异人，想法过继给正受宠幸的华阳夫人，转瞬之间，异人被立为嫡嗣，更名为子楚。

子楚是秦昭王的孙子，即太子安国君 (秦始皇的爷爷) 的儿子。因子楚的母亲夏姬不被安国君宠爱，子楚又不是长子，在安国君20多个儿子中仅排在中间，所以地位很低。遵照当时的惯例，秦赵两国要互换人质以示真诚，秦国就派秦始皇的父亲子楚到赵国做人质。子楚在赵国很不得意，但吕不韦却改变了他的命运。

吕不韦有一个小妾赵姬 (因她在赵国的都城，所以历史上称她为赵姬），长得十分漂亮。在影视或文学作品中，我们常常可以看到这样的情节：一天，吕不韦对她说："我想把你许配给子楚，好不好？"赵姬大吃一惊说："我肚子里已经有了您的孩子呀。"吕不韦说："正因为这样，我才要把你配给子楚。"赵姬问："为什么？"吕不韦说："子楚已经被安国君立为世子，安国君当了国君，子楚就会成为太子，安国君死后，子楚不就是秦国的国君了吗？秦国的天下不也就是我们吕家的天下了吗？"赵姬虽然很不情愿，听了这些话以后，也就同意了。在一次酒宴上，吕不韦就把赵姬许配给了子楚。赵姬嫁给子楚不久便生下一男孩，这个男孩不是别人，正是后来的秦始皇。

事实的真相到底如何？

原来，吕不韦很熟悉秦国的内幕，知道安国君虽然最宠爱华阳夫人，但她却没有儿子。吕不韦便设法要让华阳夫人过继子楚为子，这样，在太子安国君即位后，子楚也就是太子了，自己就可以利用与子楚的关系捞取政治资本。

主意已定，吕不韦便付诸行动了。吕不韦先找到华阳夫人的姐姐，让她去游说，劝华阳夫人尽早在众公子中挑选一个好的作为自己的儿子，并立为储君。那么以后即使在秦昭王死后她也能保住自己的地位，而且指明子楚是最合适的人选。这个建议，正迎合了华阳夫人的心事。于是，华阳夫人便利用安国君的宠爱，说服他将子楚立为继承人。

事情办成了，子楚的处境和地位都发生了很大的变化：安国君和华阳夫人给了子楚足够的钱财，还让吕不韦做他的师长，扶助子楚。吕不韦也长住在了邯郸，和子楚一起广交天下宾客，等待着子楚回国做太子和以后继承王位的那一天。

一日，子楚和吕不韦对饮，子楚对赵姬一见钟情，心甚爱慕。酒饮至中巡，子楚起身为不韦祝酒，请不韦把赵姬赐给他。吕不韦一听，正中下怀。于是回去和赵姬密谋了一番。选了一个合适的日子，就把赵姬许配给了子楚。《史记》记载："(赵姬) 至大期时，生子政。"期 (古音为 jī)，即一周年。就是说子楚娶了赵姬一年后，赵姬才生政。这样算来，嬴政应是子楚所生。嬴政开始姓赵，因为出生在赵国。又因为是生在正月，所以名字叫正，后来又改为政。等到回到了秦国，才改成了国姓嬴。

关于秦始皇的长相，史学界有人说，我们现在看到的秦始皇像是根据阎立本的《历代帝王图》推演出来的，在司马迁《秦始皇本纪》中记载的秦始皇是"蜂准，长目，挚鸟肩，豺声"。郭沫若据此分析，秦始皇有生理缺陷。蜂准就是马鞍鼻，挚鸟肩就是现代医学的"鸡胸"，豺声表明气管炎；其胸形、鼻形变异与气管炎常发显示他是个软骨病患者。不过，史学界大部分专家认为秦始皇是一个英武潇洒、相貌堂堂的人。

史学家与后世人的争议

秦始皇身世之谜中"赵姬有孕、后归子楚"的说法始见于司马迁《史记》，然而明代已有学者指出此说乃"战国好事者为之"，比如吕不韦死后的门客、六国亡后的臣民都想借此丑化秦始皇，又经后世文人炒作，似难辨真伪。其实，"秦始皇是否私生"这种男女之事，知情者也只有吕不韦、赵姬和子楚，而他们都是绝无可能宣露于外的。因此，秦始皇身世之谜永远只能是悬案了。

从秦国国君的世系看，他的父亲是当时为质于赵国的秦公子子楚（即异人，后立为秦庄襄王）。《史记·秦本纪》说："庄襄王卒，子政立，是为秦始皇帝。"可是，《史记·吕不韦列传》记载："吕不韦取邯郸诸姬绝好善舞者与居，知有身。子楚从不韦饮，见而说之，因起为寿，请之。吕不韦怒，念业已破家为子楚，欲以钓奇，乃遂献其姬。姬自匿有身，至大期时，生子政。"我们可以从这段文字中看出，吕不韦将已有身孕的歌姬献给了子楚，然后生下了嬴政。生下嬴政之后，子楚遂立赵姬为夫人。子楚继承王位，死后把王位传给子政。可见，这段文字记载是认为嬴政是吕不韦之子的。此说为班固所接受，于是《汉书》称嬴政为吕政。

明代王世贞《读书后记》怀疑《吕不韦列传》这段记载的真实

性，提出两条理由：一是吕不韦为使自己常保富贵，故意编造自己是秦始皇的父亲的故事；二是吕不韦的门客骂秦始皇是私生子以泄愤，而编造此说。

从尊重事实的角度看，《史记》是记录秦始皇出身的最古老的证据，也是唯一的证据。班固《汉书·王商传》记载当时的人列数王商的罪名说："臣闻秦丞相吕不韦，见王无子，意欲有秦国，即求好女以为妻，阴知其有身而献之王，产始皇帝。"这条记载有可能源自《史记》，因此不作为直接证据使用。从证据对等的原则看，必须有证据否定《史记》的记载，才能否定秦始皇是吕不韦的儿子这个说法。否定秦始皇是吕不韦的儿子的学者做了很多研究工作，但都是推理，而没有直接证据。在这种情况下，由于否定一方证据不足，《史记》的说法仍然有效。这里只是肯定了《史记》的说法没有被推翻，还不能认定它的说法就是事实本身。

郭沫若就否定《史记》的说法，认为司马迁记载的是传说，不是信史：一是《战国策》没有相关记载，《史记》的说法为孤证，缺少旁证；二是和春申君与李园的故事情节非常相似，仿佛在读小说；三是《史记》先说秦始皇的母亲是邯郸舞姬，又说她是赵国豪家女，前后矛盾。

郭沫若还推测了这个传说的来源，一是吕不韦自己编造的，好长保富贵；二是吕不韦的门客编造，骂秦始皇是私生子，倒行逆施，逼死父亲，用意在败坏秦始皇与秦国、秦朝的历史形象；三是刘邦的妻子吕后为了控制西汉朝政，授意其党人编造事实，吕不韦是她的先人，天下本来姓吕，刘氏从吕氏那里抢过去，我再夺回来，天经地义。这三种编造都有明确的谋略意图，可惜均是为了私利，所以不值得称道，常常被视为阴谋诡计。

郭志坤《秦始皇大传》对郭沫若的三点质疑，做了针锋相对的批评。他以为：第一，《史记》的记载有不少为《战国策》所不载，没有旁证，照样保持《史记》的真实性。第二，春申君与李园的故事，出于《战国策·楚策》。《史记》所载的故事与此相类似，并不能否定

《史记》记载的真实性，只能说明这种斗争手段，在当时是被不少政治上的风云人物所运用的。第三，并没有自相矛盾。司马迁说吕不韦取"邯郸诸姬绝好善舞者"献于子楚，此"姬"即为"赵豪家女"，完全说得通。

郭志坤进一步引证班固称秦始皇为"吕政"之说。裴骃《史记集解》："吕政者，始皇名政，是吕不韦幸姬有娠献出襄而生始皇，故云吕政。"郭志坤还指出："说秦始皇是私生子，并不影响他统一中国的伟大形象。"并举例说孔子、耶稣都是私生子，但并不因此损害他们的形象。

认定吕不韦和秦始皇有父子关系的说法，其原因是：

其一，这样可以说明秦始皇不是秦王室的嫡传，反对秦始皇的人就找到了很好的造反理由。

其二，是吕不韦采取的一种战胜长信侯的政治斗争的策略，企图以父子亲情，取得秦始皇的支持，增强自己的斗争力量。

其三，解秦灭六国之恨。"六国"之人吕不韦不动一兵一卒，运用计谋，将自己的儿子推上秦国的王位，夺其江山。因此，灭国之愤就可消除。

其四，汉代以后的资料多认为嬴政是吕不韦之子，这为汉取代秦寻求历史依据，他们的逻辑是，秦王内宫如此污秽，如何治理好一个国家，因此秦亡甚速是很自然的。

后世人也有认为上述传说并不能成立的。

其一，从子楚方面看，即使有吕不韦的阴谋，但其实现的可能性也很渺茫。因为秦昭王在位时，未必一定将王位传于子楚，更不能设想到子楚未来的儿子身上。

其二，从秦始皇的出生日期考虑，假若赵姬在进宫前已经怀孕，秦始皇一定会不及期而生，子楚对此不会不知道。可见，秦始皇的生父应该是子楚，而非吕不韦。

其三，从赵姬的出身看，也大有文章。《史记·秦始皇本纪》记载，秦灭赵之后，秦王亲临邯郸，把同秦王母家有仇怨的，尽行坑杀。

既然赵姬出身豪门，她怎么能先做吕不韦之姬妾，再被献做异人之妻呢？这样，就不会存在赵姬肚子里怀上吕不韦的孩子再嫁到异人那里的故事了。

吕不韦干政

官至丞相，手握重权

公元前257年，秦军围困赵国邯郸，赵国欲处死子楚。紧要关头，吕不韦以600两黄金贿赂赵国的守城官员，才使子楚顺利逃离赵国。

公元前251年，秦昭襄王因病去世，安国君继承王位，即秦孝文王。子楚成为太子。此时，子楚的夫人和儿子嬴政也回到了秦国。

公元前250年，秦孝文王去世，子楚继位，即秦庄襄王。秦庄襄王并没有食言，让吕不韦做了相国，还封他为文信侯。吕不韦从此踏上了秦国的政治舞台，开始施展才华。秦国从此进入了吕不韦擅权时期。他大赦囚犯，收买人心，嘉奖功臣，对百姓施以恩惠，这些措施使他在秦国声名鹊起。

早在公元前256年，秦昭襄王就灭掉东周，周王室的统治至此结束。不过，在原周王朝境内还有一个小封国——东周公国仍然存在。公元前249年，已经危在旦夕的东周公国在巩地联合各诸侯国，意图组成联盟攻打秦国。正好吕不韦想灭东周公国但没有合适的理由，这一行动无异于给秦国提供了一个最好的借口。最后，秦大胜东周，将其领土纳入自己的版图，消灭了一统天下过程中的最后一个障碍。吕不韦虽然消灭了东周残余势力，但依然保存东周之祀，为自己赢得了崇奉礼仪的好名声，也赢得了士人之心，减轻了姜、姬姓诸侯国对秦国的仇恨和敌对情绪。于是，大批士人纷纷投奔秦国。

嬴政即位，吕不韦辅政

秦庄襄王三年五月，王卒，子嬴政为秦王，年13岁。秦王嬴政尊吕不韦为仲父。之后，吕不韦坐在章台宫大殿秦王御座的右侧直接处理政务。他不疑心旧臣，对元老也没有成见，还广泛地招贤纳士，使秦国在军事和政治上都更加富有生气。吕不韦为相国，全权代管秦国事务。但王权在太后手上，必须盖上秦王与太后两个人的印章（玉玺），才能调动军队。

秦国起于戎狄之间，一直遭到诸侯歧视。他们认为秦国是一个不讲礼仪、粗鲁无文的国度。吕不韦也被认为是一个粗俗的，不曾受过高贵、良好教育的暴发户。

吕不韦有家童万人，大概是因为经常听到身边的人提起战国四公子的美名，开始关心四公子的事迹。战国四公子指的是齐国的孟尝君、赵国的平原君、魏国的信陵君、楚国的春申君。司马迁说他们都有门客三千。吕不韦觉得羞耻：秦国现在是最强大的国家，我也有家僮万人，难道还不如四公子吗？进而联想到秦国在国际间的落后面貌，于是决心重塑秦国形象。

他也招来宾客三千，包括学者、艺术家、哲学家、诗人、演说家，等等，让他们住在秦国都城，供他们吃喝玩乐。根据吕不韦的安排，他们把各自所精通的天地万象古今之事，编成一部书，内容非常完备，可谓当时的百科全书，定名为《吕氏春秋》。战国四公子可没有这样的著作，吕不韦深以为傲。咸阳的集市有大门，吕不韦把钱悬挂在大门上，布告天下说，谁能增损一字，赏千金。大概是出于畏惧，奖金虽多，但无人应征。那个时候，大凡识字的人（后来一般统称为"士"，他们努力保持着自己人格上的尊严，但在经济上或个人前程上又不得不依附于政府或贵族，成为最具中国文化特色的一个群体），他们想得多，顾虑也多，不肯轻易响应。吕不韦的谋略重点似乎并不在一字千金，而是借这个机会，宣扬秦国的文化建设。

这部书充分体现了吕不韦的杂家思想，以无为为本 (道家)，以德化为主 (儒家)，以法术为辅 (法家)，基本奠定了在中国施行了 2000 年的统治哲学。

吕不韦代表秦国编撰这部书，因而《吕氏春秋》当是中国有确定作者的最早的官方著作。该书内容博杂，既渴望秦国统一天下，也主张分封，可能表现了吕不韦的个人利益。有一个西方人说，吕不韦以其谋略出任秦国丞相，私自出钱编书，看似不务正业，却为统一六国、建立中央集权政府打下了基础。

自商鞅以来，秦国的执政党就归属于法家，把商人视为寄生虫，因而有官员耻笑吕不韦，说他出身粗鄙的商人家庭。同样也有人直截了当地批评那些贵族："你们在权力斗争中斗不过吕不韦，所以才会骂他不知礼节。"这就是吕不韦，不仅能降伏那些嫉妒自己、恶意诋毁的人，还有广泛的支持者。

如果说在帮子楚接替王位时，吕不韦的谋略水平还在"通幽"一层，那么，他当了秦国丞相之后，努力平衡国内矛盾，积极拓展秦国领土，编成《吕氏春秋》，重塑秦国形象，为统一事业做思想文化准备，这些政治成就表明，其谋略水平已完全达到"具体"的高度。做商人很优秀，做政治家也很杰出，这得益于他敏锐的洞察力。

如果秦始皇真是他的儿子，似乎就更好理解，为什么他要热心于重塑秦国形象，他的心血将全部被儿子继承，而不是还给别人。

吕不韦做了 12 年相邦，秦国在政治、军事上的成就如下：

秦庄襄王元年，灭东周国，不绝其祀。蒙骜伐韩，韩献两城。初

吕不韦像

置三川郡。

二年，蒙骜定太原。

三年，蒙骜攻魏国两城，攻取赵国 37 城。王龁定上党，置太原郡。化解五国攻秦。

秦始皇元年，蒙骜平晋阳，重建太原郡。

二年，攻取魏地卷，斩首三万。

三年，蒙骜伐韩，取 13 城。

四年，攻魏，取两城。

五年，攻魏，夺 20 城，建河东郡。

六年，败五国联军于函谷关外。攻魏，取朝歌城。

七年，攻魏，取一城；攻赵，取一城。

八年，长安君攻赵，后反叛，死于屯留。

九年，攻魏，夺三城。

人才上的成就，武有蒙骜，文有李斯 (当时他仅是吕不韦的幕僚)。

经济上的成就，郑国渠建成之后，新造良田四万顷，秦国更加富饶，为统一六国提供粮食储备。

吕不韦的谋略成就证明，他是一名杰出的政治家，为秦始皇统一六国奠定了基础。置三川、太原、东郡三郡，统一战争事实上已经迈出脚步，却因为嫪毐事件，再无机会施展才华。

嫪毐乱政

嫪毐入宫

　　嬴政出生时，秦国以范雎"远交近攻"策略为原则，竭力兼并与秦国相邻的诸侯国。当时，嬴政的父亲子楚一开始并不受宠，一直作为人质被扣押在赵国，嬴政的少年时代是在邯郸度过的，受尽欺辱。后来，子楚在吕不韦的斡旋下，终于回到秦国继承王位。但此时，嬴政和母亲赵姬还留在赵国，多亏吕不韦花费巨额财物才将母子俩接回秦国。

　　公元前 247 年，秦庄襄王子楚去世，嬴政继承王位。当时，他才13 岁，由相国吕不韦掌握朝政大权。其实，太后赵姬原是吕不韦的宠妾，后来吕不韦把赵姬献给了子楚。子楚去世后，二人死灰复燃，又开始私通。但随着秦王嬴政年岁渐长，吕不韦担心此事泄露后会对自己不利。于是，为摆脱赵太后，吕不韦将门人嫪毐推荐给太后。

　　为使嫪毐顺利进宫，吕不韦指使人诬告嫪毐，致使嫪毐被判处腐刑，然后他又打通关节，暗中使嫪毐免受刑罚。这样，在外人看来已被处以腐刑的嫪毐顺理成章地进了宫，专门服侍赵太后。

赵太后宠爱嫪毐

　　嫪毐从一个受过审、判过刑的市井无赖，在吕不韦的卵翼指使下，竟然一跃而成为披着宦官外衣的赵太后的男宠，自由出入宫廷，好像从地狱升入天堂一样，乐得心花怒放。

没有多久，太后身怀有孕，她恐怕早晚要被人发觉，心里非常恐惧。为了掩人耳目，她诈称有病，假装遇见祟物，整日茶不思饭不想，语言颠三倒四，胡话连篇，好像神经错乱一样。秦王政见母后如此疯癫，一面延请太医诊治，一面求神问卜，保佑母后平安。太后见儿子一片孝心，就趁机让嫪毐以重金贿赂卜者，让算卦先生诈言宫中鬼物作祟，太后才得此病，应避难西方200里之外。因为秦王政已经怀疑仲父吕不韦和他母后的暧昧关系，现在卜人又说应去西方避难，正好可以疏远她和吕不韦的关系，断其往来，于是便对母后说："雍城（今陕西凤翔）西去咸阳200余里，往年修建的大郑宫尚在，母后可以暂时到那里居住。"太后心喜，便带着嫪毐作为侍从，徙居雍城大郑宫。秦王政万万没有想到母后和嫪毐的这种关系。因为大郑宫远离首都咸阳，很少有人到这里来，嫪毐与太后相处更加亲密。在两年的时间里，太后就生下两个儿子。为了掩人耳目，保守秘密，他们就筑起密室，把两个儿子藏在里面，加以养育。太后与嫪毐还私自商定："他日秦王死后，以其子继承王位。"他们私通生子的丑事，外面也有人知道，只是没人敢说而已。

恃宠于太后的嫪毐，并不以此为满足，他得寸进尺地让太后为他邀赏请功，太后则百依百顺，为她的男宠请功于秦王政说："儿子政务繁忙，很少来这里侍候我，嫪毐替儿子侍候母亲有功，应该进行封赏。"秦王政在京城咸阳，日理万机，正努力摆脱相国吕不韦的控制，没有时间照顾母后，又过问不上母后的私生活，因此对母后和嫪毐的丑事，他一概不知，于是秦王政奉母后之命，于公元前239年，封嫪毐为长信侯，赏赐给山阳（今河南焦作市东南）地，让嫪毐居住，又把河西太原郡，作为嫪毐的封国。太后还赏赐给他许多金银钱财，供他享受玩乐，嫪毐骤然之间成了一位名副其实的新贵。他的宫室车马，与王侯一样华贵，宫中事无大小，皆由嫪毐决定。他还常常带领一批随从，出入赌场、田野，进行赌博、游猎，愈益恣肆，任其所为，令人望而生畏，避而远之。嫪毐以太后为靠山，私养门客死士，结交达官贵人，他的势力恶性膨胀起来，家僮多达数千人，宾客求宦做嫪毐舍人者又多达 1000 余人，在秦国的势力竟然发展到与相国吕不韦不相上下的地步，秦国人常把嫪毐和吕不韦相提并论。他的党羽遍布朝中，秦王政的一举一动、吕不韦的一言一行，嫪毐都了解得一清二楚。担任宫廷卫队的卫尉竭、掌管京师大权的内史肆、主管打猎的佐弋竭、中大夫令齐等一批官员，都成了嫪毐的死党。甚至在秦王政的身边，也安插有嫪毐的耳目。

扫清障碍，秦王收权

扫清两大障碍

一、平定嫪毐之乱

公元前 239 年，吕不韦公布《吕氏春秋》，嫪毐分土封侯。两个政治集团都向年轻的嬴政示威，嬴政面临着严峻的考验。《吕氏春秋》反对君主专政，宣传无为思想，主张天下为公，华夏一统，这些理论与当时秦国盛行的法家思想及政策截然相反。吕不韦想用这种理论对嬴政治理国家的方式产生影响。

嫪毐则倚靠赵太后扩大自己的权势，还想害死嬴政，以扶植自己和太后的私生子。

虽然吕党和后党的气焰日炽，但秦王嬴政一直引而不发。公元前238 年春，嬴政按照原定计划前往秦国故都雍城举行加冠礼。

一次，嫪毐与贵臣因醉酒而发生口角，嫪毐情急中怒斥贵臣说："我乃秦王的假父，你居然敢惹我？"贵臣心惧而逃走，并向嬴政揭露嫪毐与太后的隐私和阴谋。嫪毐得知此事后，马上偷偷返回防备空虚的咸阳，发动军事政变。

嬴政对此早有准备，他迅速命相国昌平君、昌文君带领军队攻打嫪毐。嫪毐并无军事才能，而且他的手下只不过是仓促纠结起来的乌合之众，根本无法与嬴政的卫戍部队相对抗。激战之后，嫪毐及其党羽兵败逃跑。嬴政大加褒赏在平叛中立功的人，同时发布通缉令："有生擒毐者，赐钱百万；杀之，五十万。"不久，嫪毐和他的党羽都被捉住。随后，嫪毐及其党羽在咸阳闹市被施以车裂的刑罚。嬴政还诛灭嫪毐三族，包括其与太后所生的两个私生子。在此事中被株连、剥去官爵、遭流放的人达4000多家。

二、罢黜权相吕不韦

事情过去了差不多一年，也就是秦始皇十年（公元前237年），一个叫茅焦的人给秦始皇上书说："我是齐国人，想跟大王谈谈太后的事。"

秦始皇吩咐左右："你去告诉这个家伙，他没看到门阙下还堆着死人吗？"

使者原话转告茅焦。

茅焦说："陛下车裂假父，有嫉妒之心；扑杀两弟，有不慈之名；软禁母亲，有不孝之行；滥杀忠臣，有桀纣之治。天下知道了，人心离散，还有谁会向着秦国？"

秦始皇悚然而惊，立刻拜茅焦为师傅，爵为上卿，然后亲自去迎接母后。为张扬孝心，让天下都知道秦国美德，他驾着千乘万骑，把母亲迎归咸阳。太后大喜，赞叹说："安定秦国社稷，使我母子相见，都是茅君的功劳啊。"

嫪毐事件自然牵连到吕不韦，毕竟是他将嫪毐献给太后的。嬴政这时已有杀吕不韦之心，并想趁机肃清吕党。吕不韦为秦国立下奇功，功勋卓著，在朝在野都很有影响力，为他求情的人络绎不绝。嬴政考虑到自己刚亲政，根基不稳，于是决定顺水推舟，先放吕不韦一马，暂时不动他。先让他回封地去养老。

公元前237年，嬴政已经牢牢掌握了国家政权，他罢去吕不韦的相国职位，还将其封地改为洛阳。

其实，真正打动秦始皇的，不是茅焦的话，而是统一六国的伟大理想 (那时李斯已经建言，要秦始皇抓住时机，统一六国，秦始皇也已下定了决心)。其关键处，不在于说者怎么说，而在于听者如何听，时机拿捏精当，一点即通。这是官场上的一大学问。茅焦的话为儒家观点，前面二十七个人未必就没说到，可能是时机不对，秦始皇听了也白听。不知道是茅焦命好，还是他真有某种先知先觉，反正仅凭几句话，就获得朝廷富贵，仍然不脱离于谋略的大智慧。迎回母后，让吕不韦去养老，这些都接近于儒家的仁政做法。可见秦国名义上虽然专用法家，其实也兼用别家思想，程度轻重不一罢了。

收回权力，施展雄才大略

吕不韦在洛阳居住的一年时间里，关东六国的君主一直派人到洛阳和他联络。嬴政知道后，十分震惊。为防止吕不韦叛变，嬴政于公元前235年给吕不韦写了一封信，信中尽是藐视和侮辱的言辞："君于秦究有何功？得封国河南，食邑十万户？君于秦究有何亲？得为仲父？今可率领家属迁居蜀中，毋得逗留！"

吕不韦心想：我已经罢去相位了，他还不肯罢休。虽说名义上是流放四川，其真实目的不得而知。嬴政终究是不会放过自己的，于是就服毒自杀了。他的门人秘密地把他埋葬在洛阳北芒山。嬴政得知后，不仅把吕不韦全家男女老少都贬为官府奴隶，还大肆搜捕吕不韦的门人弟子，将他们或削官夺爵，或驱逐出国门，或流放到偏远地区。

仅仅用了三年时间，秦王嬴政就相继清除了嫪毐和吕不韦集团，扫清了执政路上的障碍，由此可见嬴政有着杰出的才智和谋略。

此后，嬴政专心于政事，从公元前 230 年到公元前 221 年，他依次兼并了韩、赵、魏、楚、燕、齐六国，终于完成了统一大业。从此，"海内为郡县，法令由一统"，中国历史上第一个统一的多民族专制主义中央集权国家建立。

第六章

六王毕 四海一

秦昭襄王时代，秦国虽然一强称霸，但山东六国仍然有力，一旦联合起来，就会胜过秦国。到秦始皇亲政时，秦国的版图大致以太行山山脉、汉水为东西分界，秦国独占西部一半土地，山东六国合占东部一半土地，秦国的胜势已经不可动摇。此时，秦始皇开始重用李斯，李斯为消灭六国、统一天下做出了重要的贡献。

秦王重用李斯

李斯显才受重用

一、上书进谏显才

秦始皇亲政之前，主要辅佐人物为吕不韦。亲政之后，主要辅佐人物为李斯。吕不韦为秦始皇扫荡六国奠定了最为直接的政治、军事基础。李斯对秦始皇有两大贡献，就是协助秦始皇完成统一事业和规划帝国制度。

李斯 (前280—前208年)，楚国上蔡 (今河南上蔡西南) 人，战国末期杰出的政治家。他早年做过郡守仓这样的小官，后以荀子为师，专攻帝王之术和治国之道。学成后，他仔细审视当时的社会情况，觉得"楚国不足事，而六国皆弱"，只有秦国足够强大，有一统天下的能力。于是，他毅然前往秦国寻找施展才华、实现理想的机会。

公元前247年，李斯来到秦国，成为丞相吕不韦府上的门客。他凭借出色的才能，很快得到吕不韦的信任，后又成为秦王嬴政的近侍。当时，李斯已被任命为上卿。但不巧的是，韩国派来的间谍分子被发觉了。一些大臣建议：将其他诸侯国来的官员驱逐出境，秦始皇听从了这个建议，由于李斯是楚国人，因此也在被驱逐之列。

战国末期，秦国日渐强盛，实力远在其他诸侯国之上，大有一统天下之势。而秦国要东进中原，韩国是其必经之地。因此，韩国成为秦国首先打击的对象。

公元前 246 年，韩惠王想出一条"疲秦"计策，他派遣水利工程师郑同前往秦国修渠，想以修建水利工程为名，消耗秦国的国力，以牵制它的军事行动。公元前 237 年，就在水渠将要修好之际，这条"疲秦"计策被识破。秦国的旧贵族势力要求秦王嬴政驱逐六国宾客，秦王应允。

很明显，秦王嬴政的这一命令是不合理的。因为秦国要灭六国，不仅要有强大的军事、经济力量，还需要各类人才出谋划策，广揽天下人才是非常重要的。秦王因一个间谍而驱逐六国宾客，等于把大量人才拒之门外，相当于自断臂膀。

李斯是楚国人，当然也在被驱逐的行列。此事对李斯来说，无异于致命一击。此时的六国朝不保夕，如果离开秦国，李斯的政治理想将付之东流。因此，他必须想方设法留下来。在这紧要关头，李斯只得放手一搏。

于是，李斯根据秦王嬴政的心理，罗列史实，有针对性地写出了一篇《谏逐客书》，劝谏秦王收回驱逐六国宾客的命令。写完后，他派人将其送到秦王手中。

《谏逐客书》是李斯一生中最具光辉色彩的著作之一。他在书中写道："听到朝野上下都在议论驱逐宾客这件事，臣不觉得此事是稳妥的做法。秦穆公求士，曾在西边西戎得到由余，在东边宛地得到百里奚，并在宋国得到蹇叔，在晋国招揽丕豹、公孙支。此五人都不是秦国人，却得到秦穆公重用，结果秦消灭二十个小国，称霸西戎。商鞅是卫国人，秦孝公重用他实行变法，从而革除了秦国落后的风俗，使人民生活富裕，国家实力强大。秦国百姓一心为国服务，各诸侯国都恭顺无比；秦国大胜楚、魏联军，占领土地千里，至今仍属秦国版图。张仪是魏国人，受到秦惠王的重用，惠王凭借张仪的'连横'计策，不仅占领洛阳一带，还在西边吞并巴、蜀，北边占领上郡，南边取得汉中，并控制了楚国的鄢、郢等地，在东边占领地势险要的虎牢，控制大片丰腴的土地。六国联军土崩瓦解，各诸侯国都以秦国马首是瞻，其影响一直持续到今天。范雎是魏国人，也得到秦昭襄王重用。在他的辅佐下，昭襄王废穰侯，逐华阳君，使王权得以增强和稳固，打破了权贵把持朝政的局面，逐步吞并诸侯，为秦一统天下打下良好的基础。以上臣所提到的四位国君，皆是因为重用他国人才而取得了成功。也就是说，六国宾客并没有对不起秦国的地方。如果这四位国君都拒绝宾客，弃外来之士而不用，那么，秦国还会像现在这样国富兵强威名在外吗？"

李斯以秦国历代有为君主重用外来贤臣百里奚、范雎、商鞅、张仪等人的例子，说明秦国正是在这些外来人才的辅佐下，才逐渐从弱小的边疆国家成为有实力灭六国的强国。李斯用活生生的史例，驳斥了外来人才心怀鬼胎的说法。

李斯并没有就此罢笔，他接着说，秦王的珠宝、玉器大都不是产自秦国，美女、骏马、财物也大多来自东方各诸侯国。如果只用秦国自产之物，那么秦王会损失很多好东西。由此，他反问道："为什么这些可用之宾客非要遭受驱逐，难道大王只是看重这些东西而对人才视而不见？如此一来，各诸侯国得到这些人才，难道有利于秦国的统一大业吗？"接着，他又指出"此非所以跨海内制诸侯之术也"。

李斯的《谏逐客书》

李斯的这些话可谓一箭双雕，既暗讽了秦王嬴政的贪婪，又抓住了秦王嬴政想统一天下的心理。由此类推，李斯在最后指出秦国只有广泛地招贤纳士才不会为自己树立敌人，否则"求国无危，不可得也"。

二、秦王收回成命

李斯的《谏逐客书》给了秦王嬴政当头一棒，使他清醒过来。嬴政不仅看清了天下局势，还对自己的名声产生顾虑，因此放弃了驱逐外来宾客的想法，收回成命。

秦王嬴政将李斯请回咸阳宫殿，恢复其官职，后又擢升他为廷尉。经过此事，秦国招揽和重用外来宾客的传统得以延续。在外来宾客中，有尉缭、王翦、李斯、王贲、李信、王离、蒙恬等杰出的人物，他们在秦灭六国的过程中发挥了重要的作用，对我国的经济、政治、军事、文化的发展也做出了杰出的贡献。

李斯的《谏逐客书》不仅挽救了自己的命运，还帮助秦国招揽天下人才。

它既是一篇重要的历史文献，也是一篇传诵至今的优秀论文。鲁迅评价说："秦之文章，李斯一人而已。"

李斯重新得到重用，他积极地发挥自己的才干，顺应历史潮流，辅佐秦王嬴政制定出灭六国、一统天下的战略。秦国仅用了十年时间，就相继消灭六国。这其中，李斯功不可没。

李斯的主要历史功绩

一、李斯对秦王朝的功绩

在秦始皇统一中国的过程中，李斯无疑是最主要的谋士，他提出了很多行之有效的建议。

他向秦王论述统一六国的意义，并写成《论统一书》。在文章中，他建议秦王不要错过"万世之一时"的大好机会，"灭诸侯成帝业"，实现"天下一统"。秦王嬴政采纳李斯的建议，命他担任长史之职，后又请他任客卿，负责制定灭六国、一统天下的战略。

秦王嬴政根据李斯的计划，派遣谋士携带珍宝前往六国游说，离间诸侯国的关系，使他们不能联合抗秦。此计非常管用，秦王大喜，更加重用李斯。

　　李斯为秦谋划了正确的吞并六国的政治和军事策略。当李斯还是个小吏时，就洞察了当时社会发展的趋势，把握了政治、军事斗争的脉搏。在学成帝王之术，要改变自己的人生时，他在七国之中准确地选择了秦。李斯最初为秦王定下"离间、暗杀"之计，"诸侯名士可下以财者，厚遗结之；不肯者，利剑刺之"，这在当时的背景下，在秦对六国合纵还没有绝对优势的情况下，不失为上策。李斯在《谏逐客书》中告诫秦王，仅仅依靠秦的力量，想要吞并六国，面临着更加巨大的困难，甚至是不可能的；要实现这一目标，就必须广积天下的智慧，凝聚和利用一切向秦的力量。这次上书对秦王嬴政的警醒作用是不可忽视的。这次上书之后，直到秦消灭六国20余年，《史记》和《资治通鉴》中都几乎没有记载李斯的活动。虽然这些表明他在军事行动中发挥的作用是有限的，但这并没有影响他在秦王朝中的地位和作用。

　　李斯《谏逐客书》既上，"秦王乃除逐客之令，复李斯官，卒用其计谋。官至廷尉。20余年，竟并天下，尊主为皇帝，以斯为丞相。夷郡县城，销其兵刃，示不复用。使秦无尺土之封，不立子弟为王，功臣为诸侯者，使后无战攻之患"。这段记载虽然十分简练，却用大量的史实说明了李斯个人仕途的发展和他在秦王朝中央集权的建立和巩固中的作用。秦王下逐客令时，李斯为客卿，"复李斯官"，是恢复了客卿的职位，并且继续采用他"离间、暗杀"的计谋，慢慢官至廷尉，直至做了秦王朝的丞相。

　　在丞相的职位上，他帮助秦始皇实施了一系列巩固和加强中央集权的措施：毁坏了郡县的城郭（墙），使其无险可守，收缴天下的兵器，熔化并铸成金人，不立皇室子弟为王，企图凭借这些来消除后世战乱的祸患。应当说，在当时采取的这些措施，是在对周的衰微的教训认真总结后提出的应对和防范之策，这是有一定积极意义的。这些都得到了嬴政的大力支持和推广。

　　李斯推崇法治。秦一统后，李斯在嬴政的支持下极力推行法治，制定了名目繁多的法律。李斯临死前在狱中上书秦二世，列举了自己的七条"罪状"（其实是功劳），除了上文已经提及的以外，他"又北逐胡、貉，南定百越""缓刑罚，薄赋敛"。可见，李斯对中华民族的初期融合和中国疆域版图的形成发挥了积极重要的作用，对封建社会和经济的改革发展进行了初步的尝试和探索。

二、对中华民族和中国历史的功绩和影响

在短暂的秦王朝时期，李斯终其一生都对秦的政治路线发挥着重要的作用。秦灭六国后，北逐匈奴，筑长城，"南取百越之地，以为桂林、象郡"（贾谊《过秦论》），李斯参与这些军事行动的决策是不可避免的。可见，李斯对中华民族的初期融合和中国疆域版图的形成发挥了重要的作用。

在历经几百年战乱以后，秦王朝有能力大兴土木、文筑驰道，说明嬴政在位时秦王室已经有了相当的财富积累，而这如果仅仅依靠对原六国政权的掠夺显然是不可能达到的。所以嬴政和二世的穷奢极欲也可以证明秦统一初期在经济上实行了一定时间、一定程度的休养生息政策，只是后世对秦的研究更多地关注了它的短命和严刑峻法。

不立皇室子弟而设郡县，是嬴政和李斯的共同设想，君臣二人上下响应，强力推行，对中国2000余年封建政治的影响，史家论述极多。

秦国统一中国前，各个诸侯国的文字都不一样，统一后，秦始皇希望用一种标准的字体统一它们，他听说李斯擅长书法，便将这个任务交给他。李斯将大篆字体简化，整理出一套笔画简单、形体整齐的文字，这就是"秦篆"，也就是"小篆"，秦始皇看了之后非常满意，于是把它定为标准字体通行全国。

统一度量衡，统一文字，治驰道。此三样，李斯皆居功至伟。

但是，当时的人对小篆不太熟悉，很难流利地书写，李斯只好又编纂出《仓颉篇》《爱历篇》和《博学篇》，让大家临摹这些范本。

焚书坑儒可能是李斯一生政治生活的最大败笔，对后世的负面影响最为巨大和深远。这一巨大污点几乎掩盖了他在历史长河中的所有光华，使后世的人们对他的业绩和功劳视而不见。焚书坑儒在当时对

巩固秦王朝的思想文化专制起到了一定的作用，但却强力扼杀了中华民族思想文化的创造力，使春秋战国以来百家争鸣的鲜活气象戛然而止。焚书坑儒也是后来汉武帝"罢黜百家、独尊儒术"的序幕。可以设想，如果没有焚书坑儒这段公案，也就不会有 2000 余年儒家思想一家坐大的局面，儒家思想也不会成为传世汉学的唯一思想焦点，最起码中华民族的思想创造力不会在春秋战国之后急速衰落。一言以蔽之，中华民族的历史将会是另外一部历史。

五次攻赵谋略

第一次攻赵

六国有强有弱，有远有近，先吞并哪个国家，这是统一战争必须考虑的问题。秦国用了九年时间吞并六国，但攻打赵国，秦国却用了九年五战才灭了赵国。其中有很多原因。李斯建议首先灭韩，结果却对赵国先用兵。因为，赵国的实力在六国中最强，是秦国走向统一道路的最大障碍。但是，赵国还没有到所向无敌的地步。秦军屡次进攻赵国均被赵国击退。秦始皇兼并赵国的谋略，以严酷的军事打击为主，而辅以离间计，艰苦作战五次，终于尽收其国。第一次攻赵用兵就分为南北两路，投入的兵力可能有 30 万之多。

秦始皇十一年（前 236 年），赵悼襄王九年，秦国乘赵国正在与燕国作战，决定乘虚而入，出兵伐赵，攻其后背，开始了统一战争。

秦军以王翦为主帅，以桓齮、杨端和为副将，从南、北两路发起攻击。北路由王翦率领，由山西南部山地 (旧称上党地区) 东进，顺利攻取阏与 (今山西和顺县)、㰍杨 (今山西左权县)。两城位处太行山脉西侧山脊之下，翻过太行山，一路东去，可直接威胁邯郸西面、北面。这应该是北路伐赵的进军路线和谋略意图。王翦攻下阏与、㰍杨之后，把部队并为一军，休整 18 日，又精简队伍，俸禄在百石以下的军官都回家 (当时一般县令的俸禄为 600 石)，十个士兵只留两个，裁了八成。王翦此举目的不详。《中国历代军事史》认为，王翦与杨端和各领一军，分别攻取阏与、㰍杨，然后两部并为一军，总兵力在 20 万，但没提及王翦精简部队的用意。如果总兵力有 20 万，裁掉八成，也还有四万，都是精兵，效率高了，大概王翦是想一鼓作气打到邯郸去。王翦裁军，目的是在继续打击、削弱赵国，为后来灭赵做准备，而不是要一战而灭赵。当时秦国也没有一战即吞灭一个大国的经验。

南路由桓齮率领，攻击也很顺利，夺得邺 (河北磁县南面)、安阳 (河南安阳)。这里到邯郸只有 40 公里。赵国在漳水北岸筑有长城，邺在长城之外，本属魏国，被赵国抢了过来，作为邯郸南长城防线的外围据点。桓齮夺邺、安阳，下一步就是越过漳水，突破赵国南长城，攻击邯郸南面。

赵军主力正在北面与燕国作战，秦军出其不意，夺了九城，然后就地休整，从南、北两个方向上遥望着邯郸，徐而不缓，紧而不迫，从容推进他们的钳形攻势。王翦为一代名将，用兵与廉颇相似，都以稳健雄长著称。

就在这个当口，赵悼襄王死了，赵王迁即位，立刻调北线防守长城的部队南下，分别阻击秦军。邯郸南面有漳水与长城，西面有太行山脉，赵军若能凭险固守，不贪功，不冒进，不给敌人机会，秦军一时半会儿还胜不了。尽管赵国也很困难，但秦军远道而来，又担心六国合纵，所以两军各有短长，僵持下去，多半要靠军事之外的谋略来决胜负。

果然，秦国这边发生了两件大事，把战役停了下来。

吕不韦罢职以后，与山东各国往来频繁。虽说是六国主动找他，秦始皇还是不高兴，命令他举家迁到蜀国去，等于全家流放。这事发生在秦始皇十一年、攻赵第一阶段结束之后。吕不韦很恐惧，担心死于非命，又为了保全家人，就在次年 (秦始皇十二年) 自杀了。这事到此本来也就完了，偏偏他的心腹亲信都很忠诚，悄悄把他埋葬，成群结队去吊唁。这就把秦始皇激怒了，决心彻底清除吕氏余党，外籍人士统统赶出国去，秦国人 600 石以上的，削去爵位，流放；500 石以下又没去吊唁的，也流放，但保留爵位。从此以后，凡是像嫪毐、吕不韦这种政治犯，都照此惩罚，满门沦为奴隶。这年秋天又下令，嫪毐的门客亲随被流放到蜀国的，都可以回来。

秦始皇打击嫪毐的时候又狠又绝，但没有动吕不韦；现在打击吕不韦，也是连根拔起，却来宽宥嫪毐的舍人。这就是法家的权术手段。

也在这一年，魏国出兵攻楚，大概是因为丢了很多土地，又打不过秦国，想从楚国那里捞回来。对秦国来说，赵国和楚国是统一战争最强劲的对手，又因为楚国远，不好直接用兵，现在正是削弱楚国的机会，秦始皇不想错过，于是派兵助魏攻楚。

秦始皇的谋略意图是，专门对楚用兵，消耗大，收获未可知，派兵助魏，两军联合伐楚，成本低，收益大，自然不想错过。在蚕食阶段，六国尚强，联魏击楚是一个好谋略，多得一分土地是一分土地，强者更强而弱者更弱；现在则不同了，外部形势变化了，六国被严重削弱，秦国的力量足以各个击破，吃掉它们，因此谋略目标也变化了，不再是蚕食土地，而是鲸吞六国。在这种情况下，秦始皇的机会主义谋略就不再是最优方案。

更好的谋略应该是，秦国以外交手段助魏攻楚，它们打得越热闹越好，同时增派部队，全力攻赵，等到魏、楚停战，回身救赵时，赵国也该被打垮了，或者已被打得奄奄一息。谋略要点在于恰当把握机会，利用魏国的力量牵制楚国，魏、楚相互纠缠，赵国失去外援，更容易被消灭。

秦国派兵助魏，如果能灭楚，性质就跟灭赵一样，也是一个好谋略。但楚国远，土地广，赵国又从北面威胁秦国，侧翼安全无保障，秦国就不能全力击楚，自然不能灭楚，充其量不过是再次削弱楚国。在统一天下的条件已经成熟时，再次削弱楚国，对秦国意义不大，不过是多得一郡土地而已。

秦始皇亲政才三年，谋略思想还不成熟，因此被眼前利益干扰，征发河东四郡兵力，由辛梧率领，助魏攻楚。楚国此时为李园执政，他以外交手段说服辛梧，结果秦兵六个月没有动静。秦始皇助魏伐楚的谋略就这样不了了之，第一次攻赵谋略却停顿下来。

这些情况表明，秦国君臣在统一战争的顺序上，尤其是在先灭韩还是先攻赵这个问题上，有三种可能：一是先重点打击赵国，再根据情况来决定先灭赵还是先灭韩；二是必须把赵国先打趴下了，才好灭韩，打击赵国是为灭韩做准备，所以先狠狠打击赵国；三是先灭赵，至于什么时候灭韩，视情况而定。第一种方案可能更符合事实，北、中、南三路用兵，北路对秦国最有利，即使对先灭韩还是先灭赵有分歧，都不妨碍先对赵国用兵，是一个在意见不统一时也可执行的军事谋略。这似乎也表明，秦国在统一战争的顺序上，确实有过分歧，有过争论。应该是在对赵国用兵的过程中，遭到李牧的顽强抵抗，相持不下时，意见开始趋于统一，乘着手头方便，干脆先灭韩。在决定顺手吃掉韩国的时候，秦国上层终于统一了分歧。

灭了韩国、赵国，下面的棋就好走了，魏国、燕国不足虑，随便先吃哪个，都是举手之劳；齐国又被贿赂，笼络得像个盟友，只需派出小部兵力监视；显而易见的对手，只剩楚国。

吕不韦自杀与助魏攻楚两事，是意外插进来的，秦始皇还年轻，被它们干扰，走乱了棋；明白过来之后，又回到正确的方向上，继续攻赵。因此有秦始皇十三年、十四年连续两次攻赵。再看一看秦始皇对韩非的态度，他的个性特点更加清楚。由于人还年轻，易受情绪影响，想做的事情恨不得马上就做。人年轻，不易控制情绪，这些当然不是成败的主要因素，但在一定程度上能影响决策变化，当是一个事实。因为他身边有高人，所以能及时止步。

第二次攻赵

第二次攻赵，秦国斩首赵国十万人，用兵规模也是相当巨大。

秦始皇十三年（前234年），赵王迁二年，停止一年的攻赵谋略再次开始。

这次攻赵继续从南路进兵，桓齮为将，可能还是他先前率领的那支部队，攻击目标是赵国的武城，与邺紧邻，估计为赵国南面门户，与赵长城相连。邯郸距离赵南长城不过40公里，全是平川，如果秦军突破赵长城，半天可到邯郸，因此赵军也全力防守武城及南长城沿线。

赵军主力在扈辄的率领下，依托赵长城与漳水，在长城外围与秦军展开激战。战斗过程现在已不清楚，结果是秦军大胜，夺了平阳，斩首十万，杀死扈辄。平阳（今河北磁县东南）在武城东15公里，为赵长城的外围据点，也可能是扈辄的营垒，城破身死。赵军退入长城，凭关固守。

捷报传来，秦始皇离开秦国，第一次巡游东方，来到东周故地河南（今洛阳西南，东周王室最后的居留地，亦即西周国，被秦昭襄王吃掉了），距攻赵前线250公里。

邯郸南面的这段赵长城，只有八九十公里，东到黄河，就没有了。秦军经过短暂休整，同年10月，桓齮率领大军，绕过赵长城东端，远出赵国东北部之外，沿着赵国与齐国之间的地区（可能沿黄河下游泛滥区的边缘行进），想出其不意，绕出赵国东北部，然后南下，南北两路夹击邯郸。

赵国在扈辄死后，赶紧调李牧南下。李牧乃赵国边关名将。赵国北地设代郡、雁门郡、云中郡，李牧驻代（今河北蔚县东北)，东击燕国，西备匈奴，赵国北郡平安无事，多是李牧的功劳。

李牧的驻所代，距邯郸700余里。而赵国北长城西端，最偏远的高阙塞，距邯郸2000里，距李牧驻所也有1200里。赵王在邯郸对北地数郡只能遥制，边关大将可便宜行事。李牧大概是在长平之战、邯郸之战的那几年里，第一次出任边关大将。

在秦国的连续打击下，赵国经济十分困难，只好削减边关经费。北地天寒风劲，生活本来艰苦，经费少了，更加艰难。李牧决定开设边境贸易，税款和租金都收入幕府，补贴军资，因而成为中国历史上第一个有明确文献记载的敢于自主搞活区域经济的边关名将。

有了钱，战士每天都有牛肉吃，体质增强，骑马射箭练得烂熟；又整修烽火台，加强警戒，派间谍到处打探消息。有了这些准备，李牧才发布命令："匈奴就要来了，各部立即收队，不准出击，违令者斩！"

每次匈奴来，将士都收兵自保，严防烽火台而不出战，好几年都这样，既没有战果，也没丢失东西。匈奴以为李牧胆怯，将士也以为李牧胆怯。谣言传到邯郸，赵王有些不信，派人来责问，李牧坚持如故。赵王发怒了，派人代替李牧。

匈奴又来犯边，赵军出战，几次都被打败，边关也不能耕田放牧。赵王想起用李牧，李牧托病不出，赵王强迫他受命。李牧说："大王真要用我，必须同意先前的老办法，我才敢接令。"赵王答应了。

李牧又回到边关，恢复原来的命令，匈奴几年都抢不到东西，仍然认定李牧是胆小鬼。边关将士天天都得赏赐，憋了一身劲没处使，都来跟李牧请战。李牧要的就是这股士气，于是挑选战车1300乘，骑兵13000名，敢死队5万人，善射者10万人，加紧训练。按照司马迁的说法，李牧挑选出来

胡服骑射

的部队，车兵、骑兵、步兵加起来，有 166900 人，不知道准不准确。

布置妥当以后，李牧"大纵畜牧，人民满野"，引匈奴来抢。匈奴来了小队人马，赵军假装败逃，遗弃数千人，任凭匈奴杀掠。单于得到消息，大为振奋，亲率部队南下，以为又可以大抢特抢了。李牧多设奇阵，左右翼包抄，大破匈奴，杀敌十余万骑。灭襜褴，破东胡，降林胡，单于逃得远远的，十几年不敢走近赵国边城。

李牧在边关得到攻打秦国的命令，当即挑选精锐，迅速南下，在今日河北石家庄一带，与桓齮遭遇。李牧带的应该是一支骑兵，也是他亲自训练的，将知兵，兵知将，心齐如一，又与匈奴接触较多，机动性与战斗力都很强；又因为大胜匈奴，有信心，也没与秦军交过手，不畏惧，所以能够几次挫败秦军，让秦始皇、王翦不敢轻视。

桓齮带领的军队，长距离绕行到邯郸北部，深入敌境作战，又没有部队接应，如果是小股精锐，行动固然迅捷，却难敌李牧骑兵，如果是大部队，长途跋涉六七百里，军队士气、战斗意志、行军速度、后勤补给都成问题，为兵家大忌，与秦穆公当年远伐郑国类似。

双方遭遇之后，在肥下（河北石家庄正东 15 公里）打了一仗，又在宜安（河北石家庄东南 10 公里）打了一仗，桓齮都输了，还奔秦国。还有资料说他逃奔燕国去了，按照秦律，吃了败仗要受处罚。但司马迁与司马光两位史学大师都没有采纳这个说法，而且明白指出，秦国第三次攻赵，主将还是桓齮。

李牧因此功封武安君。当时苏秦封为武安君，后来在齐国被车裂。白起当年也封武安君，最后被秦昭襄王逼杀。这种巧合是不是也昭示了李牧的命运？

桓齮失败，主要在于选择了错误的攻击方向，既深入敌境作战，北线也没有接应，何况李牧的骑兵战斗力也强。如果北线有接应（后来王翦就从井陉关打到了石家庄，与南线配合作战），即使与李牧遭遇，以秦军百战百胜之师，两面威胁李牧，至少可以打个平手。

第二次攻赵战役实际上分成两个阶段：第一阶段秦军胜，杀死扈辄，斩首十万；第二阶段从秦始皇十三年 10 月开始，打到秦始皇十四年结束，结果秦军失败了，赵军取得一个难得的胜利。

桓齮绕出邯郸东北，沿赵、齐边境做长距离行军，如果是想从北面攻击邯郸，为什么不直接绕过赵长城东端，攻击邯郸东面，行程不过百余公里，何必要跑那么远？如果是想做纵深穿插，阻止李牧南下，显然不太符合用兵常情，完全不顾当时的空间距离、地理形势与交通条件；从邯郸西部太行山地区到达宜安，与李牧遭遇，行程长达七八百里，与绕出东北道理相似，这样南北奔突，基本不像百战百胜的秦军主将的作战风格。由于缺乏资料，这些问题得不到圆满的解释，只好栽赃似的说他犯了一个战术错误。

而《中国历代军事史》则认为，桓齮东出赵长城之后，并没有绕行至石家庄，而是直接绕过赵长城西行，在今日河北肥乡、成安与李牧遭遇（他们认为，史书说的肥下就是肥乡，宜安就是成安）。肥乡、成安在邯郸东南二三十公里处，单从桓齮进军路线来讲，这个结论比较符合用兵条件，里程不过百余公里，行军也不困难。但一般历史学者则认为两城在石家庄东南方，距离邯郸有 200 公里（见谭其骧主编的《中国历史地图集》）。

第三次攻赵

第三次攻赵，秦国杀了赵军主将。

虽然秦军在第二次攻赵谋略的后一阶段失败了，但因为有实力，所以没过多久，就组织了第三次攻赵，时间在秦始皇十四年。

这一仗秦国吸取教训，重新部署兵力，从南北两路攻赵，与第一次谋略相同。北路主将是谁，史书没有讲，南路主将仍然是桓齮。北路进展顺利，攻取宜安，杀了赵军主将，他是谁，史书也没有说。南路桓齮也很顺利，攻占平阳（大概上次桓齮失败后，又被赵军夺了回去）、武城。

不过，战争就此停了下来，可能是因为韩非的缘故（详见灭韩谋略）。

另有学者把桓齮杀死扈辄、斩首十万作为第二次攻赵，把桓齮遭遇李牧大败而逃作为第三次攻赵，还说他逃奔燕国去了，他们肯定在别的资料上看到关于桓齮逃奔燕国的记载。《史记·秦始皇传》则明确记载说，秦始皇十四年，"桓齮定平阳、武城"，《史记·六国年表》也说秦始皇十四年"桓齮定平阳、武城、宜安"，没有说他跑到燕国去了。《资治通鉴》也采用这个说法。一个说桓齮逃奔燕国，一个说桓齮仍然在攻打赵国，问题出在哪里呢？

《史记·秦始皇本纪》说："十三年，桓齮攻赵平阳，杀赵将扈辄，斩首十万；……十月，桓齮攻赵。十四年，攻赵军于平阳，取宜安，破之，杀其将军；桓齮定平阳、武城。"

这段话有两层意思。第一层意思，秦始皇十三年，桓齮杀赵将扈辄，斩首十万；十月，桓齮继续攻赵。第二层意思，秦始皇十四年秦军又攻赵，北路取宜安，杀其将军，南路桓齮定平阳、武城。

第一层意思说了桓齮十月击赵，《史记·六国年表》也说"杀赵将扈辄，斩首十万，因东击赵"，指明桓齮在十月继续攻击赵国，但没有说结果如何。而《史记》第八十一卷关于李牧的传记则叙述说："后七年，秦破杀赵将扈辄于武遂，斩首十万。赵乃以李牧为大将军，击秦军于宜安，大破秦军，走秦将桓齮，封李牧为武安君。"这段话正好补充说明了桓齮十月攻赵的结果，在宜安被李牧打败，因此李牧封武安君。

但这件事是在秦始皇十三年呢，还是在秦始皇十四年？

据《史记·赵世家》记载，李牧是在赵王迁三年打败桓齮、封武安君的，赵王迁三年也就是秦始皇十四年，清楚地说明桓齮是在秦始皇十四年被李牧打败的，而且是在宜安这个地方。但《史记·秦始皇本纪》则说，秦始皇十四年，秦军北路攻赵，杀了赵国将军，桓齮在南路攻赵，定平阳、武城，他不仅打了胜仗，而且根本没有在宜安。前者说秦始皇十四年桓齮在宜安被李牧打败，后者却说他在南路打了胜仗，根本不在宜安，这不是前后矛盾吗？

如果把问题这样理解：桓齮在秦始皇十三年10月"因东击赵"，

绕出赵长城，战斗持续到秦始皇十四年，在宜安遭遇李牧，吃了败仗，李牧因此封武安君；秦国又在当年组织第3次攻赵，北路取宜安，杀赵国将军，南路桓齮定平阳、武城，上述两种说法就统一起来了。

但是李牧哪儿去了呢？他为什么不出来抵抗秦军？《中国军事通史》认为他又回到代郡防御匈奴去了。如果是这样，那表明秦军的攻击速度很快，在李牧还没得到命令，或者说还没来得及回师，秦军就在南北两路夺取三城，同时又因为韩非的缘故，秦始皇命令秦军停止攻击，所以李牧没有南下，第三次攻赵由此结束。

《资治通鉴》记载说，秦始皇十三年，秦师败绩，桓齮奔还，李牧封武安君；秦始皇十四年，桓齮伐赵，取宜安、平阳、武城。十四年的事情没有错，与《史记·六国年表》一致："桓齮定平阳、武城、宜安。"十三年的事情则有问题，桓齮攻赵跨越两年，司马光没有写明白，结果增加了误会。

🌀 第四次攻赵

第四次攻赵，司马迁说是"大兴兵"，也从南北两路夹攻，并在这次用兵之后，顺手灭了韩国。

秦始皇十五年，秦国第四次攻赵。这次跟前三次不同，司马迁用了"大兴兵"三个字，表明秦始皇的决心很大，派出的部队很多。仍然是兵分两路，南北夹击。主将是谁，史书没有说，多半不是桓齮，他从此消失了，再没见过。《史记》和《资治通鉴》也没说他的去向，难怪有人相信他在攻赵失败后逃亡了。《战国策·赵四·秦使王翦攻赵章》则说，他被李牧杀死了，没有说时间、地点，所以成了悬案。如果真是那样，李牧的才华与结局更让人悲叹。

秦军此时已经夺得邺、平阳、武城，赵长城的外围据点可能全部被攻占，所以这次攻赵，秦军南路顺利到达邺，但还是没有突破赵国依托漳水、长城建起的牢固防线，而在那里停下来。

秦军北路从太原郡出兵，越过太行山，攻占狼孟 (今山西阳曲) 之

后，又攻击至河北平原，在番吾 (今河北平山) 与李牧遭遇，不胜而还。李牧成了秦国的克星。赵国有这样的大将，真是鼓舞人心，又让人悲哀。

由于李牧的缘故，秦国暂时停止了攻赵，转过身来，顺势灭了韩国。

可能出于两种考虑：四次攻赵不下，再次重视起李斯的意见，所以掉转方向，吃掉韩国再说。虽然两次被李牧阻击，没能继续狠狠打击赵国，但削弱赵军的目的已经达到，因此可以回过头来，从容灭韩。

秦国首先拿赵国开刀，是想好了先灭赵，还是没想好？他们在四次攻赵之后，就转移方向，先去灭了韩国，是事先谋划好了的，还是根据情况变化，临时做出的决策？

在形势尚不明朗、决策犹豫未定的情况下，先拿赵国开刀，是可以执行的谋略，而不需要等待与商量，因为这两点秦国很清楚：一是赵国还有相当潜力，为统一事业的最大障碍，必须继续予以打击；二是在北路攻赵、中路伐韩魏、南路击楚三个方向上，北路最不容易刺激六国合纵，最利于秦军行动。

看一看秦国的时间表：

九年，秦始皇亲政，嫪毐作乱；

十年，郑国暴露间谍身份，吕不韦罢职，下令逐客，李斯入韩，尉缭来见；

十一年，王翦、桓齮、杨端和攻赵。

处理完内部事情，秦国就开始攻赵，是哪些因素在影响秦始皇的决策？一个因素是大家都看得到的，即当时的外部形势：(1) 赵国还有相当潜力，为统一事业的最大障碍，必须继续予以打击，才有利于吞灭六国；(2) 在北路攻赵、中路伐韩魏、南路击楚三个方向上，北路最不容易刺激六国合纵，最利于秦军行动。还有一个因素，就是秦始皇的个人感情。他在赵国受了那么多欺负，以他的性情，怎么会不报复？何况他才 22 岁，年轻气盛，亲政以后，首先想到的就是报复赵国，这并不奇怪。

似乎可以这么下结论，由于李斯、尉缭的建议，秦始皇下决心吞并六国，尽管对于先灭韩还是先灭赵，暂时没有定论，但大家都清楚，赵国拥有相当实力，而北路攻赵又最有利于秦军行动，加上秦始皇早就想好要报复赵国，因此在权力基本稳固之后，秦国就开始攻赵。

既然攻赵没有缺点，那就干起来再说，别的问题边干边商量。不论先灭赵还是先灭韩，都是当时一件大事，秦国也没有吃掉大国的经验，必然带着试探、摸索的心理来干。秦国其实是在攻赵的实际行动中来探索吞灭六国方法，所以一边打，一边观察，一边商量对策。

这就是四次攻赵的谋略实质，秦国在实际的军事行动中来摸索扫荡六国、统一天下的办法。谋定而后动，秦国所谋定的，是先打赵国最有利，至于先灭谁后灭谁，既然一时商量未决，干脆就在攻赵的过程中，视情况变化来决定。

这个时候，山东六国被严重削弱，都不是秦国对手，但毕竟立国数百年，并称七雄，都风光过，都有自己的光荣历史，可谓根基深固。秦国虽然强大，但统一天下是一个历史新命题，没有经验可供参考，如何吃掉六国，绝不是一件简单的事，难免要走些弯路。秦国四次攻赵，虽然没有吃掉赵国，却摸索出吞灭六国的办法，为后面以摧枯拉朽的方式扫荡六国做了铺垫。

第五次攻赵

第五次攻赵彻底灭了赵国。

秦始皇十七年（前230年），秦国顺利吃掉韩国，又把枪口转向邯郸。

秦始皇十八年（前229年），赵王迁七年，秦国第五次攻赵。由于去年灭韩，有了吃掉一个大国的经验，对吃掉其余五国，秦始皇就有了信心，想一战定邯郸，再次"大兴兵"。

进攻路线跟原来一样。名将王翦又出现了，任北路主将，率领驻守在上地（即上郡，今陕西延安一带）的秦军，跨过黄河，翻越太行

山，出井陉关，攻击邯郸北面。南路主将杨端和，羌瘣为副将，从河南新乡一带出发，由邺攻击邯郸南面。

赵国方面由大将李牧、将军司马尚各领一军，分别阻击秦军，可能是李牧对王翦，司马尚对杨端和。李牧与司马尚堪称赵国最后的良将，他们依托太行山、漳水、长城等有利地形，对秦军展开顽强阻击。王翦知道这回遇到对手了，不愿意贸然进攻，相持一年，没分出胜负。杨端和在南线则有所突破，包围了邯郸。

秦国终于看清楚，李牧是灭赵的唯一障碍，于是再次使出撒手锏，派间谍去赵国搞破坏。间谍带了大量金银珠宝，收买赵王迁的嬖臣郭开。司马迁用嬖臣这个词来指称郭开，似乎表明他与赵王迁可能有同性恋关系，所以深得赵王迁宠爱。郭开诋毁李牧，说他和司马尚想造反。这么拙劣的诬告，赵王迁竟然也相信，派同宗赵葱、齐将颜聚代替李牧、司马尚。

大敌当前，赵王临阵易将，李牧知道后果，不肯交出兵权。李牧是一片忠心，却让奸臣的诬告成为事实。于是赵王悄悄派人逮捕李牧，斩首；司马尚免职。李牧一死，王翦没了对手，立刻率队出击，阵斩赵葱，颜聚逃亡，才三个月，赵国就灭亡了。

如果李牧不抗命，结果会怎样？无非两种，逃亡，或者自杀，他是不会投降的。

赵公子嘉带着赵氏宗族逃到代 (今河北蔚县)，大概有李牧十几年经营，代的城池比较坚固，自立为代王 (至今河北蔚县还有代王城这个地名)，与燕国军队联合抗秦，坚持斗争了六年。

灭赵之后，秦始皇千里迢迢来到邯郸，把当年那些仇家，把那些得罪过他、得罪了他母亲家的人，统统活埋，出了胸中一口恶气。秦始皇就是这样一个人，你怎么对我，我就怎么对你。他是有感情的人，所以在权力基本稳固之后，就开始攻赵，一点儿也不犹豫，一点儿也不拖拉。他的做事风格有助于提高秦国的行政效率，他的爱憎感情也影响了扫荡六国的时间进程。

司马迁在评论赵国灭亡时说，赵王迁的母亲出身娼家，因赵悼襄王宠爱，废长立幼，让赵王迁继位。赵王迁没什么德行，也没什么本事，宠信嬖臣郭开，诛杀良将李牧，结果当了俘虏。司马迁同情赵国，也同情李牧。赵公子嘉是长子，如果他被立为赵王，秦、赵之间的斗争可能会更加残酷。

秦灭韩国谋略

韩非来秦献策

在用主力进攻赵国的同时，秦对韩采取扶植亲秦势力以逐步肢解的策略。公元前231年，韩国南阳郡"假守"（即代理郡守）腾，向秦献出他所管辖的属地。腾被秦王政任命为内史，后又派他率军进攻韩国。腾对韩国了如指掌，所以进展顺利。于公元前230年（秦王政十七年）俘获韩王安。韩国灭亡。

韩国始建于三家分晋，经申不害变法，也强盛过一阵子。申不害与商鞅都属法家，但申不害的变法不彻底，贵族政治仍然是韩国的主流政治，百姓的利益不能充分满足，生产与参战的积极性就不高。在地缘关系上，韩国紧邻秦国，是秦国东出中原第一站。韩国虽然名列战国七雄，但土地面积最小，综合国力最弱，很难抵挡秦国的攻击和蚕食。

本来秦国早就可以消灭韩国。秦昭襄王时代，韩国土地被吞掉三分之二，再无力抗拒秦威，靠称臣纳贡维持生存。齐国因为吞灭宋国，遭到联合国的深度打击，差点亡国，鉴于这种情况，秦国一直没有灭

韩。韩国也设计了一些谋略来保存自己，派郑国去秦国当间谍就是其中之一，所以多活了几十年。

秦始皇十年，李斯想迫降韩国，没有成功。秦始皇十一年、十三年、十四年，秦国三次攻赵，心思都在赵国，韩国得保平安。

也就在第三次攻赵的时候，秦始皇读到几篇文章，如《孤愤》《五蠹》之类，赞叹说："哎呀，能跟这种人交游，死也不遗憾了。"

李斯说："这个人叫韩非，书是他写的。"

秦始皇按捺不住激动的心情，发兵攻韩，要得到韩非。韩王一直不用韩非，看形势危急，命令韩非入秦。

韩非是韩国公子，地位尊贵，喜欢刑名法术之学，其本源来自黄老。韩非患有口吃，不善说话，所以发奋著书。李斯和他是同学，都拜在荀子门下，但李斯觉得自己不如韩非。

韩非多次给韩王建议，希望能够振兴韩国，但韩王不肯用他。韩非是法家的代表人物，满怀富国强兵谋略，空有一腔报国之志。眼看祖国岌岌可危，所养非所用，所用非所养，悲愤不已。于是整理古往成败得失，埋头著书，写成十几万字，就是《韩非子》。

韩非来到秦国，秦始皇大悦，遂了心愿。《韩非子》前两篇文章就记载了韩非初到秦国的情况。他为秦始皇出谋划策，建议先灭赵，真实目的是为了存韩，让韩国多活一段时间。

韩非跟秦始皇说："我听别人说，不知而言，不智；知而不言，不忠。为人臣不忠，当死；言而不当，亦当死。我愿意把我所知道的都告诉你，听凭你裁决。秦国力量如此强大，却不能吞并天下，四邻诸侯不肯臣服，完全是因为大王的谋臣不忠。我愿意冒死给大王献策，如果我的谋略不能一举破赵灭韩，亡魏臣楚，并齐吞燕，扫荡六国，称霸天下，大王就把我斩首。"

韩非的谋略是先攻赵，"赵举则韩亡，韩亡则荆、魏不能独立，荆、魏不能独立，则是一举而坏韩、蠹魏、拔荆"，然后东收齐、燕，第一次明确指出吞并六国的先后顺序。韩非不仅是战国末期最后一位大学者、思想家，也是一位杰出的战略家。不是六国无人才，是六国君王太昏庸。

《战国策》也记载了韩非在秦国的活动。

秦始皇召集宾客 60 人开会，宣告了一个坏消息："山东四国合纵，想对付我们，你们可有什么好办法？"

大家都不作声。

此时姚贾站出来说："我愿意出使四国，破坏他们的谋略，让他们收兵。"

秦始皇拨给他一百辆车，一千斤金，衣王之衣，冠王之冠，带王之剑，威风凛凛上路了。

姚贾以间谍的身份在外活动 3 年，成功破坏四国合纵，然后还报秦国。秦王大悦，封赏千户，拜为上卿。

韩非说："姚贾用大王的权力、秦国的珍宝去结交诸侯，明里打着大王的旗号，实际藏着自己的私心，请大王明察。他家世世代代都在魏国大梁当看门人，他在大梁偷过东西，在赵国当官又被驱逐，才跑到秦国来。世世看大门，在大梁偷东西，在赵国被驱逐，这样一个人，竟然也来参与国事，文武百官多没面子。"

韩非污蔑姚贾，是为韩国，没有私心，与小人攻讦不同。

秦始皇责问姚贾："听说你用我的钱财去结交诸侯，是这样吗？"

姚贾说："是的。"

秦始皇问："那你还有脸来见我？"

姚贾说："我对大王很忠诚，大王却不知道。假设我对大王不忠诚，四国怎么会取消合纵？夏桀听信谗言，杀了良将关龙逢，商纣听信谗言，杀了忠臣比干，结果身死国亡。大王如果听信谗言，秦国也会没有忠臣。"

秦始皇又问："你家世代看大门，你在大梁偷东西，被赵国驱逐，这又怎么解释？"

姚贾说："姜太公落魄时他老婆都不肯要他，在朝歌做屠夫时肉没人买，在溪边钓鱼时鱼不吃他的饵，这样一个人，却帮助周文王夺取了天下。管仲是一个又贫又贱的人，出身边鄙之地，被鲁国当作囚

犯押送回齐国，这样一个人，却帮助齐桓公称霸诸侯。百里奚是虞国的乞丐，身价不过五张羊皮，这样一个奴隶、囚犯，却帮助秦穆公称霸西戎。这些人都有不光彩的一面，只因为得遇明主，而建立功勋。我想我遇到的也是明主。"

秦始皇同意他的话，命令他去杀了韩非。

姚贾最大的功劳，就是完成了秦国的间谍使命，带着金银珍宝，贿赂奸臣，诋毁良将，成功离间六国君臣。按照尉缭的估算，间谍活动费用不过 30 万金，却严重削弱六国的抵抗力量。当时就有人说，如果李牧不死，秦国要多花半年才能吃掉赵国。照这样计算，吞并六国可能要多用至少两年。以秦国 60 万大军计算，仅粮食一项，就要吃掉郑国渠所灌溉的四百万亩良田两年的收成，还不算战马的粮食，更不要说人员的伤亡，军马、铠甲、兵器的损耗等，两年军费肯定远远超过 30 万金。姚贾的间谍活动可谓卓有成效，减少了战争开支，缩短了统一进程，对统一事业有功。

韩国灭亡

一、韩非受诋毁身死

韩非的献策秦始皇很欣赏，但暂时没有信用他。

李斯、姚贾诋毁说："韩非是韩国公子。现在大王要吞并诸侯，韩非肯定为韩不为秦，这是人之常情。大王如果不用他，放他回去，定是祸患，不如杀掉。"

秦始皇觉得有理，把韩非交官府治罪。李斯派人拿来毒药，逼韩非自杀。韩非想自陈清白，但没有路径。等秦始皇明白过来，想要赦免韩非，韩非已经死了。

司马迁感叹说："余独悲韩子为《说难》，而不能自脱耳。"

《说难》是韩非的著名文章，《史记》全文引用。他用自己的生命证实了他的结论——陈说意见有多么困难。

韩非死于秦始皇十四年。秦始皇十五年，秦国大兴兵，第四次攻赵，为李牧所阻。秦始皇十六年，韩国又把南阳献给秦国。这是韩国在疲秦（修建郑国渠）存韩（韩非献策先灭赵）之后，所能施行的唯一谋略了。

二、韩国灭亡

秦国打算不再给韩国机会，秦始皇十六年九月，发兵接管南阳。第二年（前230年）攻韩，不费吹灰之力，活捉韩王，尽收其地，设为颍川郡。

秦国第一次吞并山东大国，虽在意料之中，得来轻松，却是秦国自秦献公（前384年）以来，连续努力154年的结果。

韩国先灭，第一是地缘形势造成，与秦国紧邻，又在秦国东方，仿佛是秦国的菜地。韩国本身也四面受敌，无险可守，无法四顾。建国初期的几个韩王，因为殚精竭虑，政治胸怀也宽广，努力与魏、赵团结，所以韩国能够兴旺。后来的韩王比较平庸，不思振作，也缺乏政治远见，加上韩、魏、赵的三晋感情逐渐疏远，最终失去了过去行之有效的三国合作、一致对外的立国谋略，在七国混战中东张西望，既没有积极自救的强国谋略，也没有坚定一贯的政治盟友，真的成为秦国的菜地，想什么时候来踩一脚，就什么时候来踩一脚，防不胜防，也没有力量防，最终被秦国吃掉。

那么当时韩国如何才能不亡？恐怕唯有努力壮大韩国，强大到是韩国统一天下，而不是秦国，韩国才能不灭。但这个机会对战国七雄是一样的。再从地理形势看，恰恰是韩国最不可能获得这个机会。但韩国自三家分晋算起，能屹立223年，也不失为英雄壮举。

秦灭燕国谋略

荆轲刺秦王失败，燕国被灭

在灭赵的过程中，秦国大军已兵临燕国边境。

燕国的首都蓟城在今日北京市西南郊的永定河边，即史家所谓的蓟丘，为永定河边的一块高地。赵国灭亡，秦国疆土与燕国相邻，只要突破燕国边防，长驱直入 200 里，就可到蓟都。

燕国北面防线，西端从张家口西部开始，由西向东，一直延伸到今日辽东，最后折而向南，到达今日朝鲜境内的清川江入海处，筑有漫长的燕长城。

燕国南部防线则以易水 (河北雄县) 为中心，易水以东是黄河下游河滩和盐碱地，不利行军；易水以西至太行山脚的百余公里，大都为平原，是防御重点。当日易水河有南北两条，都发源于太行山中。北易水河与涞水 (今日拒马河) 相汇，最后流入黄河故道。南易水河经过今日河北徐水，然后继续东去，最后也注入黄河故道。燕国依托南易水河筑有长城，是抗击秦军的主要工事。

韩、赵灭亡之后，统一战争就轻松起来，只有楚国要费点脑筋，魏、齐、燕都不足虑，所以秦国不再顾忌两面作战。王翦的大军驻扎在中山 (河北定州)，北可灭燕，东可亡齐，还可南下伐魏击楚。

此时的燕国君惶惶不可终日，眼见秦国扫平三晋，就要向自己杀来，却无计可施。燕太子丹最终想出了孤注一掷的暗杀行动，即历史上有名的荆轲刺秦王，时值公元前227年。刺杀行动最终失败，但是秦王政差一点死于荆轲的匕首下。本来秦始皇还没有想好先灭哪一国，就在这时，却发生了荆轲刺秦王的事件，秦始皇大怒，决定立刻攻燕。

公元前226年，秦军攻下燕都蓟（今北京市），燕王喜与太子丹逃亡辽东郡。秦将李信率领秦军数千人，穷追太子丹至衍水。太子丹因潜伏于水中幸免于难。后来，燕王喜经过权衡利害关系，派人将太子丹杀掉，将其首级献给秦国，想以此求得休战，保住燕国不亡。燕王喜逃到辽东以后，秦军主力就调往南线进攻楚国。公元前222年（秦王政二十五年），王贲奉命攻伐燕国在辽东的残余势力，俘获燕王喜，燕国彻底灭亡。

同一年，刚在南方灭楚的大军，又乘胜降服了越君，设置会稽郡。于是，长江流域全部并入秦的版图。

两军作战经过

燕太子丹派荆轲刺杀秦始皇，没有成功。秦始皇大怒，命令王翦立刻攻燕，还增加兵力，想一战而定燕国。

眼看着赵国灭亡，敌人大兵压境，燕国也在寻找阻击的办法。赵国余部代王嘉也来依靠燕国，于是燕国以燕军为主，与代王嘉的军队联合驻扎在易水县（河北雄县），依托南易水河与燕国长城，重点防守易水以西。

吞韩灭赵极大地增强了秦始皇的信心，想直接强攻蓟都，不做任何迂回。王翦乃当世名将，明知秦国强大远胜燕国，仍然不愿正面强攻、做无谓的牺牲。他判断燕国会重点防御南易水河与燕长城，而东边河滩与盐碱地又不便行军，遂采取迂回包抄的战术，从南易水河上游太行山地绕过燕长城，突击燕军侧背。

秦始皇二十年，秦军由中山出发，绕出燕长城，出其不意，在易水之西，大破燕军。随即北上，围攻蓟都。秦始皇判断拿下蓟都已不是问题，为了照顾下一步大棋——灭楚，于是增派兵力，要王翦一举

攻下蓟都。秦始皇二十一年，王翦打下蓟都，前后只用了 10 个月。

燕王喜与燕太子丹退保辽东，代王嘉逃往上谷。秦将李信对燕王喜和太子丹穷追不舍。代王嘉给燕王写了一封信："秦军追得紧，完全是因为太子丹。如果把他杀了，献给秦王，秦王就会罢手，燕国社稷就能保存。"代王嘉的主意可不怎么高明。燕王喜派人杀了太子丹，献给秦王。但在秦始皇二十五年，燕国还是被消灭了，燕王喜当了俘虏。

此战燕、代联军防守过于死板，只考虑固守长城，而不料敌，不考虑敌人的想法，是一厢情愿、被动防御，这就很难取胜了，也不根据燕国的地理特点，依托大河坚城，设计多层次、多梯队的纵深防御。蓟都建在永定河边的高地上，城池坚固，这可作为最后的防线。永定河水量充沛，易水河依傍山势，是蓟城的两道天然防线。燕国也还有一些精兵，燕王喜与太子丹逃亡时，"尽率其精兵东保于辽东"。有这些精兵，再依托河川大城，积极设防，虽然挡不住秦军进攻，至少可以多支持几个月。王翦的军功虽不如白起显赫，而在秦国具备绝对优势条件下，仍然选择迂回包抄战术，避免将士无谓牺牲，果然是名将风范。秦始皇从灭燕开始有了骄傲轻敌思想，为后面李信伐楚失败埋下了祸根。

秦灭魏国谋略

魏国当时的形势

魏国曾是一等强国，由于变法不彻底、魏王平庸、流失人才、战略错误等原因，先后两次被齐国打败，于是降为二等强国。到战国末期，在秦国的日益蚕食下，魏国只相当于一个郡了。

魏国流失的人才，首先要数商鞅。魏相公孙痤明明推荐了商鞅，还说，如果不用他，就杀他，魏王不以为然，既不用他，也不杀他，结果秦国因此富强，反过来吞灭魏国。公孙衍、张仪、范雎都是魏国人，却帮秦国成就大事，魏国真是悲哀。

进入战国末期，秦国最主要的对手就是赵国与楚国。赵国灭亡之后，楚国就成为最主要的攻击目标。因此在破燕的同时，秦始皇就决定攻楚，派王贲夺取楚国十余城。但在秦、楚之间还存在一个魏国，使秦国兵力运转颇有不便。所以秦国决定抽出一部兵力来吃掉魏国，以便全力攻楚。灭魏之战非常简单，不过是顺手拿掉一颗棋子。

灭魏的作战经过

公元前 231 年，魏景闵王迫于秦国的强大威力，主动向秦进献出丽邑，以求缓兵。此时，秦王政正调集兵力准备向赵国发起总攻，不想分散兵力攻魏，就接受了献地。这使得魏国又维持了数年残局。

公元前 225 年（秦王政二十二年），就在秦军主力南下攻楚的当口，秦王政派出年轻将领王贲，率军围攻魏都大梁（今河南开封）。魏国放弃大梁外围的全部土地，龟缩于大梁城内，借坚城高墙做最后抵抗。大梁城位处平原之上，经过魏国百余年经营，墙高城固，秦军要硬啃下来，也不是易事。王贲想出了水攻的办法。秦军大批士卒被安排去挖掘渠道，将黄河、鸿沟的水引来，灌注到大梁。大梁城如一座孤岛，在水中浸泡 3 月，终于坍塌。秦军乘势攻进城去，魏王假投降，随后被杀，魏国就此灭亡。

秦并楚国谋略

楚国当时的形势及灭亡

　　楚国为春秋战国时期最强大的国家，曾经占据中国一半土地，疆域辽阔，山林茂密，物产丰富，号称拥有甲士百万。完全拥有长江流域，也是春秋五霸之一。早就有人相信，并中国者，非秦即楚，所以《战国策》说，"横成则秦帝，纵成则楚王"。楚国衰落，深刻内因是改革不彻底，其倡导者吴起还被反对派杀死，没能出现秦国那种国势蒸蒸日上的政治气象。标志性原因是楚怀王昏庸无能，既中了秦国圈套，又怒而兴兵、连吃败仗，结果丢失大片土地，造成日后白起攻楚拔郢之战，楚国被迫东迁，失去积极抗秦的信心与力量，最终日益被秦国蚕食，越来越衰弱。

　　秦昭襄王时，白起破郢，楚国迁都，迁到今日河南淮阳。淮阳在韩、魏的东南方，距大梁125公里，距南郑130公里，而南郑、大梁之间仅有60公里，三国都城都在今日河南省。

　　随着秦军的胜利，楚国为避敌锋芒，又两次徙都，最后迁到寿春(今安徽寿县)，这里距淮阳215公里。楚国3次徙都，都在黄淮平原上，无险可守。

　　此时楚国土地仍然可称辽阔，包括今日河南、山东局部以及长江中下游的广大地区。长江中下游地区遍布沼泽湖泊，湿气瘴气很重，还不适合广泛居住，因而虽有长江天堑，楚国却没有办法利用。淮河平原就成了秦、楚会战之地。

楚国的内政一直不振，贵族之间总是争权夺利，这种状况到战国末期尤为严重。公元前228年，楚幽王死，统治集团发生内讧。幽王的同母弟犹，即位为哀王，但仅2个多月，就被异母兄负刍的门徒杀掉了，负刍成为楚王。楚王室更加分崩离析。就在楚国发生内乱的时候，公元前226年，秦王政不失时机地从北方伐燕前线抽调秦军，南下攻楚，连续夺得楚国10余个城池。公元前224年，秦国与楚国的决战就要开始了。秦王政先派年轻将领李信率20万秦军攻楚，被楚军击败。后又派大将王翦率60万秦军攻楚。王翦入楚境后，并未马上发动攻势。他总结了李信轻敌冒进的教训，采取屯兵练武，坚壁不出，麻痹敌人，以逸待劳的战略。这样，度过了一年多的时间，秦军对楚地的情况基本适应，士气高昂，体力充沛。同时，被调来抗击秦军的楚国部队，斗志渐渐松懈，加上粮草不足，准备东归。楚军一撤，王翦就抓住时机下令全军出击。秦军一举打垮了楚军的主力，并长驱直入，挺入内地，杀死楚军统帅项燕。接着，秦军攻占楚都寿春（今安徽寿县），俘虏了楚王负刍，楚国灭亡，时为公元前223年（秦王政二十四年）。

两军作战经过

楚国是南方大国，秦始皇颇为重视，灭燕的同时，即派王贲率部攻楚，夺得十余城。这是侦察性行动，意在试探楚国实力，为全面攻楚做准备。燕国初定之后，即秦始皇二十二年，秦国已不顾忌两线作战，王贲率队灭魏，李信引兵攻楚，两路同时出击。

李信是秦国的青年将军，曾跟随王翦破燕，西汉名将李广是其后人。燕王喜与太子丹逃奔辽东，李信率几千人追击，成功捕杀太子丹，深得秦始皇赏识，以为贤勇。

在谋划攻楚时，秦始皇问李信："灭楚，李将军以为多少人够

用?"

李信说:"20万足矣。"

秦始皇又问王翦,王翦说:"非60万不可。"

秦始皇感叹道:"王将军老矣,这么胆怯!李将军果然壮勇,支持你。"

于是派李信与蒙武领兵20万南下灭楚。王翦也不含糊,说自己身体不好,干脆退休,回家养老去了。

秦兵由韩国故地出发,沿颍河与汝水之间的平原地区向东南攻击前进,既可直接攻击至楚国都城寿春,又可得两河水力之便,运送战略物资。进入楚境后,李信攻平与 (河南平与县射桥镇),蒙武攻寝(安徽临泉),大败楚军。平与和寝相距60公里,李信与蒙武可相互照应。李信又回师向西北急行60公里,攻鄢郢 (河南周口西南一带),再次大破楚军。

至此,秦军在进入楚国边境的作战非常顺利,屡次打败楚军;同时也暴露出分兵之后的一个大空隙:李信距蒙武有120公里,而蒙武距楚国都城寿春有150公里。

楚国以项燕为将,引兵抗秦。项燕乃楚国名将,大英雄项羽就是他的孙子。他家世代为楚将,因封在项地而姓项。项燕深知平原旷野的作战要领,没有固守城池,而采用大部队迂回的战术,主力随自己行动,派出一部兵力迂回穿插至秦军背后,造成切断秦军归路的态势,迫使敌人回援,然后捕捉战机,打击敌人。

李信、蒙武两军相隔已有120公里,得到楚军迂回的消息,立刻向西回援,企图在城父 (河南襄城县) 会合,再破楚军。却不知道,项燕的大军已经尾随李信,连续追踪三天三夜,乘秦军扎营休息的时候,突然发起攻击,攻破秦军两个壁垒,杀死七名都尉,李信逃奔,蒙武撤出楚国。

这是战国末期山东六国对秦国取得的最后一次胜利,却无法挽回灭亡的命运。

楚国是南方大国,兵力雄厚,不逊于秦国,又在平原开阔地带作战，应该以杀伤敌人主力为战斗目标，而不是攻城略地。平原无险可守，固守城池，部队无法机动作战，一旦被敌人包围，形成被动挨打的局面，就丧失了主动权。

李信进入楚境之后，连续夺占城池，逐渐与蒙武拉开距离。楚国幅员辽阔，非赵国（虽然李牧两次打退秦军，但赵军的伤亡也很大，已经很难抵挡秦国的进攻）、燕国可比。在这种情况下深入楚境作战，第一不宜分兵，其次应争取在一两个战役中摧毁敌人主力，彻底打垮楚国的抵抗力量。李信低估了楚军的力量，想用攻占城池的办法，逐步逼近寿春，然后攻破之，而没有杀伤敌人主力；在回援的时候，秦军两部又不能相救，结果给了楚军机会。

在平原开阔地带作战，若不以杀伤敌人主力为战斗目标，即使夺得若干城池，也守不住。只要楚军主力还在，又有项燕这等名将，灭楚之战就难以成功。

李信失败了，秦始皇很生气，疾驰来向王翦谢罪，说："寡人不用王将军的谋略，结果让李信羞辱了秦军。听说楚兵正日益向西挺进，将军虽然有病，也不能忍心看着寡人不管。"

王翦的老家在今日陕西富平县，距咸阳60公里。秦始皇心切，所以亲自前往，表明自己的诚意。

王翦说："我真的老了，脑子也混沌，大王还是另择贤将为好。"

秦始皇说："过去的事将军不要再说。"

王翦说："大王迫不得已要用老臣，非60万人不可。"

秦始皇说："一切都依你。"

于是王翦带着60万大军浩浩荡荡出发了，秦始皇亲自送到灞上。

还没走出多远，王翦就派人来跟秦始皇要求田宅园池，要得还很多。

秦始皇说："将军都出发了，还担心贫穷吗？"

王翦说："做大王的将军，有功也不得封侯，所以老臣及时要求一些园池产业，好留给子孙。"

秦始皇笑起来。

等他走到函谷关时，已经派使者跟秦始皇要求了五次财产。

有人说："将军您要得也太多了吧。"

王翦说："这你就不懂了。大王看似粗心，其实不大相信人。现在全国甲士都在我手上，我不多请田宅为子孙，难道要让大王来怀疑我吗？"

批评秦始皇的人就把这段故事当作证据，说他喜欢用权术来驾驭大臣，所以王翦也用权术对付他。

听说敌人"空国中之甲士"来战，楚国也"悉国中兵以御之"。秦军以王翦为主将，蒙武为副将，楚国则以项燕为主帅，景骐为副将。秦兵 60 万，楚军 40 万，展开当时最大规模的一次会战。

王翦肯定研究了李信的失败，尽管仍然沿着李信的路线进兵，但采用了与李信完全相反的谋略。攻击至平与后，王翦命令部队停止攻击，修筑营垒，坚壁自守，不与敌人作战。他不怕楚军抄后路，因为兵力足够使；也不怕跟楚国打持久战，因为秦王信任他，粮食也够吃。王翦的谋略意图是，依靠秦国强大的战略优势，反客为主，以逸待劳，以守代攻，等楚军在攻击中出错时，乘机反击，打垮楚军的有生力量，灭楚就容易了。这就是《孙子兵法》上讲的"先为己之不可胜，以待敌之可胜"。

秦国士兵不用出来打仗，天天在营垒里休息沐浴，吃好的穿好的，王翦还跟他们同吃同住，以安抚将士的心。过了好久，王翦派人问军中以什么为娱乐，回答说："战士们在比赛扔石头，看谁扔得准扔得远，都超过了规定距离。"王翦说："士卒可以用了。"原来秦军是在养精蓄锐，等待战机。

楚军多次前来挑战，秦军都闭门不出，也不反击。项燕担心师劳力竭，被敌人偷袭，就引兵东还，另想办法。估计他跟廉颇一样，在与秦军相持时，也受到来自国内的压力，不得不还。

40 万大军要撤退，当然有一番大动作，这就给了王翦机会。秦军乘势而出，大破楚军，在追击中又杀了项燕，40 万楚军全部溃散。王翦老谋深算，终于实现了歼灭敌人主力的谋略目标。

秦军乘胜追击，在秦始皇二十四年，攻入寿春，活捉楚王负刍，楚国灭亡。王翦、蒙武又渡过长江，深入江南作战，用了1年时间，才消灭各地残余势力。他们于秦始皇二十三年出兵，直到秦始皇二十五年，用了近三年时间，才彻底吞并楚国。

王翦伐楚的谋略是力争在平原地区歼灭楚军主力。是否需要用60万兵力，前人也对此提出了批评意见。楚国土地辽阔，不能通过一两次大会战歼灭敌人的有生力量，后续作战会更艰难，不仅加大了战争成本，也延长了时间，等于是留给韩、赵、魏、燕的残余势力一个造反机会。

秦灭齐国谋略

君王后辅政，齐国苟安

公元前284年，燕、赵、韩、魏、楚五国攻齐，尤其是燕将乐毅横扫齐国，令齐国差点儿亡国。之后，齐国一直没有复强。公元前221年（秦王政二十六年），秦王政命令王贲挥戈南下，攻打东方六国中的最后一个：齐。从姜太公立国开始，齐国就是一等强国。姜太公封于齐，积极发展工商渔盐之业，人民多来归附，又东征西讨，平定周边，遂成大国。后来齐国发生内乱，田常代齐，齐国不姓姜而姓田，国号却保留下来。到齐桓公称霸诸侯时，齐国盛极一时。秦国崛起于西方，齐国与秦国并称两强。

齐国的衰落始于燕昭王伐齐，齐国差点亡国。后来田单用火牛阵

恢复齐国，但齐国从此衰落下去，再不能与秦国相抗。

燕国伐齐时，齐王被杀，儿子（也就是后来的齐襄王田法章）流亡在莒，给一个名叫太史敫的人当下人。太史敫的女儿看他生得相貌不凡，不似普通人，悄悄拿些吃的穿的周济他，私下里两人就好上了，于是史书说他们"私通"。时间久了，他才说自己是齐国太子，于是被莒人推戴为齐襄王，为复国树立了希望。

那个女子当然就做了王后，史家称为君王后，生儿子建。太史敫说，"没有正式媒聘，女儿就自己嫁了，这不是我的种，是玷污我的家族"，终身不见君王后。尽管如此，君王后还是没有缺失做女儿的礼数，所以史书说"君王后贤"。

齐襄王死后，儿子即位，就是齐王建，君王后主持朝政。齐王建是个无能之辈。母亲健在时，他依赖母亲；母亲临终前，他还死皮赖脸地要母亲写下可以辅佐他的大臣的名字。君王后是一个女人，难免缺乏远见，采取了谨慎侍奉秦国、保护齐国平安的谋略，成效果然显著，齐国 40 多年无兵灾。齐国是平安无事了 40 年，秦国却在这 40 年间，日夜攻伐赵、韩、魏、燕、楚五国。

齐王建六年，秦、赵在长平决战，齐国没有救援，赵国缺粮，向齐国求救，齐国也不给。

齐国的谋臣说："不支援赵国，这是齐、楚的过失，正好中了秦国的诡计。赵国与齐、楚为唇齿相依，唇亡则齿寒，今日赵国灭亡，明天就轮到齐、楚。因为心疼粮食，就不支援赵国，哪里是为国家谋利益!"

秦破长平，又围邯郸，齐国也没有派兵支援。赵国就这样被秦国打垮了。

齐王建十六年（前 249 年），刚毅不屈的君王后逝世，后胜任宰相。秦国迅速展开收买内应的活动，向后胜馈赠大量的黄金、玉器。后胜得了秦国的好处，就派出大批宾客相继赴秦。秦国又对他们大肆贿赂，送给金钱、珍宝，让他们回齐国充当内应。这批人从秦国回来后，就积极地制造亲秦的舆论。他们说齐王建应西去朝秦，以表归顺，又说秦齐是姻亲，根本不用备战抗秦，也不要帮助三晋、燕、楚攻秦。

齐王任用奸臣宾客终亡国

后胜是齐王建任命的，跟君王后无关，所以齐王建是一个昏君。齐王建决定去朝见秦国，这是有辱国格的行为，而且还会被秦国活捉，逼迫齐国投降。

当齐王建来到雍门，掌管门卫的武官 (雍门司马) 横戟挡于马前，说："国家立君王，是为了社稷，还是为了君王？"

齐王建说："为社稷。"

司马说："既然是为社稷，大王为什么要抛弃社稷去秦国？"

齐王建就返回去了。区区一个雍门司马就有这等胆量见识，可知齐国也不是没有人才。

即墨大夫听说此事，也来见齐王说："齐国地方数千里，甲士数百万，三晋流亡人士也不少，大王把他们团结起来，编成一支百万大军，西越黄河，攻打临晋关。楚国大夫不愿降秦的也有好几百人，现在也集中在南城之下，大王也把他们团结起来，编成一支百万大军，收复楚国故地，可攻打秦国武关。如此一来，齐可立威，秦可亡国，那就不只是保卫国家而已了。"齐王建不听。

即墨大夫仍然以老眼光看待国际形势，没有抓住当时的政治核心。三晋、楚、燕的流亡人士当然是一股力量，但当前的主题已不是收复三晋与燕、楚故地的问题，而是经历长期混战之后，中国要不要统一、如何统一、统一于谁手。对于帮三晋、燕、楚收复故地这种事，齐王建显然没有兴趣。即墨大夫如果以统一天下来说服齐王建，鼓励他去建立功勋，超越三皇五帝，也许还能刺激一下他那颗悲观、沉沦、死寂的心。

即墨大夫想东攻临晋，南克武关，虽然从理论上对秦国形成钳形攻势，但这个谋略不能执行。以流亡大夫为旗号而临时编练的军队，即使有百万之多，也不过是乌合之众，如何能抵挡秦国的虎狼之师？

那是一支百战百胜的军队，还有王翦、王贲、李信、蒙武、蒙恬、蒙毅等老中青搭配的名将班子。

即墨大夫也夸大了事实，齐国没有办法编练200万军队。不过，即墨大夫所指出的，三晋、燕、楚所残存的反秦人士是一股强大的、可资团结的力量，确实是一个事实，应该予以重视。秦帝国过早崩溃，就跟没有安顿好这股残存的反抗力量有莫大关系。

雍门司马是一个中级军官，齐王建因为他一番话就放弃朝秦；即墨大夫的话不太实际，所以他不听。这表明齐王建不是白痴，不是什么都不懂，对"民为贵，社稷次之，君为轻"的儒家思想，多少也知道一些，明白朝秦不妥当，知道抗秦斗争不是靠简单的勇气就能成功，所以他能被雍门司马劝阻，而又拒绝即墨大夫。他又是一个缺乏主见、行事软弱的君王，耳朵里天天听着群臣的投降主张，所以决定朝秦；来到雍门，听雍门司马这么一说，有所醒悟，就回去了。如果他身边不是后胜这类投降派，而都是像田单那样的务实、高明、善于用兵的爱国忠臣，或者有雍门司马的胆量见识也行，齐国就能领导最后的抗秦斗争。

由于秦国的拉拢手段，齐国几乎放弃了所有抗战准备。

秦始皇二十五年，正当王翦、蒙武深入江南作战时，王贲、李信率部远赴辽东，消灭燕国残部，活捉燕王喜。跟着回师击代，俘虏代王嘉，赵国残余也被消灭。现在只剩齐国独立于寒秋。

秦始皇二十六年，齐王建与后胜终于知道大祸要临头了，赶紧调集军队防守齐国西界，与秦国断交，即司马迁说的"齐王建与其相后胜，发兵守其西界，不通秦"。可惜他们醒悟得太晚了，也不懂得灵活用兵。

齐国西部、南部均有长城，西接济水，东至于海，绵延350公里，但北部没有长城。王贲、李信、蒙恬避开西面的齐国主力，从燕国南部出发，如秋风扫落叶一般卷入齐国北部，直插临淄都城。齐国军民过惯了平安的生活，突然遇到秦兵，不能做任何抵抗，"民莫敢格者"。

陈驰为朝秦返齐的宾客之一，奉了秦王密令，回来当间谍，乘机诱降齐王建说："大王还是入秦朝见吧，秦王答应封给您 500 里土地，您还是大王。"

敌人兵临城下，齐王建只好投降。秦始皇把他流放到共（今河南辉县），丢在一片松柏林中，活活饿死。齐国人民怨恨齐王建不早与诸侯合纵抗秦，任用奸臣宾客而亡国，为此写了一首歌："松耶，柏耶！住建共者，客耶！"意思是说，松树啊，柏树啊，让齐王建住到共来的，是他那些宾客啊——讽刺齐王建听信宾客谗言而亡国。

至此，秦国走完了削平群雄、统一六国的最后一程。

大秦帝国建立

确立皇帝名号

商鞅变法使秦国国富兵强，各代秦王都礼贤下士、励精图治。由此，秦国渐渐具备了统一六国的经济、政治基础。而其他六国彼此倾轧，不能一心抗秦，更加速了秦统一天下的步伐。公元前 238 年，秦王嬴政亲政。他运筹帷幄，很快平定内乱、铲除了异己势力吕不韦，总揽大权。后经数年的部署和征战，公元前 221 年，他终于尽灭六国、统一天下，自春秋以来持续了 500 多年的诸侯割据纷争局面终于结束，我国历史上第一个中央集权的封建君主制国家建立。而秦之所以能灭六国，原因是多方面的，但本质原因是它顺应了历史发展的必然趋势。

现在天下统一了，秦始皇让丞相、御史发布命令，说明他扫荡六

国、统一天下的理由，其实是为秦国的武力征服做一个总结，让天下人相信，秦国发动那场持续 16 年之久的战争，是迫不得已，责任在六国，而不在秦国。其内容大致如下：

韩国，韩王本来已经纳地效玺，请为藩臣，却与赵国、魏国合纵叛秦，所以兴兵讨伐之。

赵国，赵王派丞相李牧来与秦国结盟，于是秦国归还赵国人质。但赵国转过身来就撕毁盟约，反攻太原郡，不得不兴兵诛灭之。赵公子嘉不奉秦命，自立为代王，也举兵消灭之。

魏国，魏王也答应臣服秦国，竟悄悄与韩国、赵国谋划，企图偷袭秦国，所以兴兵破大梁。

楚国，荆王本来已经献地入秦，转而背叛盟约，出兵攻我南郡，所以也发兵征讨之，攻灭其国。

燕国，燕王昏乱，竟敢让太子丹派荆轲来刺秦王，也兴兵诛灭之。

齐国，齐王采纳后胜的计谋，与秦国绝交，意图作乱，不能不兴兵消灭之，收平其地。

这道命令还有一个内容，秦始皇说："寡人以渺渺微小的身躯，兴兵诛暴乱，天下大定，若不变更名号，无以称成功，传后世。各位爱卿，我该用什么名号?"

丞相王绾、御史大夫冯劫、廷尉李斯 (这三个官职在汉朝演变成为三公) 说："过去三皇五帝，地方不过千里，外夷不相宾服，诸侯不受节制。现在陛下平定天下，海内为郡县，法令统一，此等盛事自古没有，三皇五帝不及。臣等与众博士官商量，一致认为，古时有天皇、地皇、泰皇，泰皇是人最尊贵的名号，大王就称'泰皇'。大王发布的口头命令叫'制'，大王发布的书面文告叫'诏'，大王自称'朕'。"

秦始皇以极度的信心说："去掉泰字，保留皇字，采上古帝位号，称'皇帝'。其他按你们说的办。"秦庄襄王被追尊为太上皇。

这就是秦始皇高明的地方，从三皇五帝中各取一字，亲自确定皇帝名号，站得高，看得远，所以结论不同。他的创造性是符合数学逻辑的。

用人者自己不够高明，如何能够统帅天下人才？齐桓公用管仲成就霸业，秦孝公用商鞅变法图强，盖因为他们博大的胸襟和高明的见识，所以能发现大才，任用大才。

秦始皇成为中国历史上第一位皇帝，他所下的第一道命令是："朕听说太古有号无谥，中古有号，死了才为谥。子议父，臣议君，朕可不想这样。从今往后，废除谥法。朕是第一个皇帝，就称始皇帝，后世累计，二世三世至于万世，传之无穷。"秦二世胡亥的名号就是这么来的。秦始皇反对"子议父，臣议君"，显然跟儒家思想有关系。

就这样，秦始皇迈出了帝制谋略的第一步，中国从此走入帝制时代，延续了2132年，对中国产生了巨大、深远的影响。他确立皇帝这个名号，表明自己功盖三皇，德超五帝，也显示出他对自己的极度自信，为后面的极度自负画出一条轨迹来。

确立皇帝名号的谋略意义在于：一是先从称谓上把皇帝神圣化，他不

秦始皇阅兵场面

是凡人，所以拥有无上权力，皇帝的意志就是法律，命曰制，令曰诏，集立法、行政、司法大权于一身，确定皇帝的独裁地位不可动摇，也不容侵犯，连神权都不能约束；二是废除谥法，不准臣议君、子议父，加强皇帝的神圣性与权威性，也就加强了皇帝的独裁统治；三是皇帝这个位子，只能在皇帝家族中传承，二世三世，至于万世。这个谋略后来被刘邦进一步细化，"非刘氏而王者，天下共击之"。

齐国人邹衍曾创建了一套阴阳五行相始终的哲学观。秦始皇以周朝为火德，水能灭火，所以秦为水德，以十月作为每年的开始（阴阳五行观念认为冬天水旺，十月为亥月，水之首。大自然的规律则是冬天

为枯水季节，两者并不相同)，衣服旌旗都用黑色，黄河改名叫德水。邹衍的阴阳五行思想加载到朝代更替上面，构成一个循环状态，黄帝为土德，夏朝为木德，商朝为金德，周朝为火德，秦朝为水德，汉朝又为土德，一个克一个，代代更替，循环无穷。

水在北方，属于黑色，在数字上为六，所以秦帝国以六为数，符和冠都为六寸长 (符和冠是权力身份的象征)，车辆六尺宽，皇帝乘六马，六尺为一步 (长度单位)。收天下兵器，铸为 12 金人，分天下为 36 郡 (后来增加为 44 郡)，徙天下豪富 12 万家居咸阳，似乎都跟六相关联。写成于周代的书籍就对数字六和十二有丰富的哲学认识，而甲骨文则完整记载了六十天干地支表，这表明中国人对数字六和十二的认识，其实远远早于秦王朝。

水属阴，主刑杀，于是秦始皇急法刻削，也不大赦天下，搞得人民怨声载道，指责他刚毅暴戾，刻薄寡恩。

这些跟阴阳五行相关的治政思想，在 200 余年的时间里，经过一系列演变，加入别的元素，综合成为皇帝、天子、龙种等神学思想，证明皇帝的权力得自于天，臣民只能服从，不能反对。这成为帝王统治谋略的一个组成部分，从而深入人心。

全面推行郡县制

丞相王绾又建议说："今天下初定，燕、齐、楚太远，若不分置诸侯王，难以管理。请立诸子为王，管辖边地。"

秦始皇让大臣讨论，都表示赞同。唯独廷尉李斯说："周文王、周武王分封子弟同姓为诸侯，他们的后人却与周王越来越疏远，代代攻伐，相互诛灭，形同仇人，连周天子也不能禁止。现在全靠陛下英明神武，海内才实现统一。王子和功臣有税收做赏赐，而无独立地盘做根基，这才是天下的安宁之术。若分封诸侯，各自独立，就很难控制了。"

秦始皇说："天下战斗不休，就是因为诸侯。靠了祖先神灵保佑，我们才平定天下。若再立诸侯，埋下隐患，要想天下宁息，岂不困难！廷尉说得对。"群臣暂无异议。

于是天下分为36郡，郡守乃地方最高长官。周朝的制度是，天子辖区千里，分为百县，县有四郡，县比郡地位高，所以《左传》说："上大夫受县，下大夫受郡。"到了秦始皇这里，正式确定国、郡、县三级行政制度，沿袭至今。

八年之后，群臣百官又为是否分封诸侯展开讨论。

那是秦始皇三十四年，在咸阳宫中，70名博士官前来给秦始皇祝寿。博士官首领、仆射周青臣拍马屁说："以前秦地不过千里，靠陛下神明英武，平定海内，日月所照，莫不宾服。取消诸侯王，设立郡县制，天下太平，人人安乐，也没有战争隐患，这样的政治功绩，完全可以传之万世。自上古以来，三皇五帝，都不及陛下啊。"听到这话，秦始皇乐了。

博士是战国就有的官职，掌通古今。秦汉之际，博士的级别跟后来的从七品相当，各级官职都有仆射为其首长。周青臣是博士仆射，有学问，通晓古今，也是一个马屁精，缺少名臣气量。叔孙通也是博士，可能当时还归他管，却比他高明得多，所以才有机会活到汉朝，为刘邦制定汉家天子的威严。

博士官淳于越站出来驳斥说："我听说商王、周王的天下都延续了千年，因为他们分封子弟功臣，作为王朝的枝辅。现在陛下有海内，但子弟都是普通人，朝廷郡县有大臣，而无骨肉血亲，一旦有事，谁来相救？不师法古人而能长久，这种事还不曾听过。周青臣当面奉承陛下，加重陛下的过错，非忠臣所为。"

秦始皇让百官讨论。

丞相李斯说："五帝不相复，三代不相袭，政策各有不同，因为时代变了。今陛下开创大业，建立万世功勋，这不是迂腐儒者所能懂的。淳于越说的是三代旧事，哪里值得相仿！"

李斯这一通话，由反对分封而起，本来不过是一个政见分歧，结果竟引出中国历史上最著名的文化大灾难——"焚书"，后一年又发生

"坑儒"事件。

秦始皇采纳了李斯的建议，曰："可。"书被焚了，从此群臣再不敢提分封这事。

李斯坚持郡县制，正好迎合了秦始皇的独裁口味。分封与独裁不相并立，又为动乱之本源，所以秦始皇不喜欢。春秋、战国几百年混战，根源就在分封，现实的经验迫使秦始皇寻找新的国家模式。周青臣表面赞扬秦始皇推行郡县制，未必真的看懂了秦始皇的谋略意图。李斯深刻洞察了时代变化，也懂得秦始皇的想法，因此能大胆探索新的国家制度。正是因为他与秦始皇的国家谋略高度同步，所以才能从一个小小郎官，平步青云至丞相宝座。他靠的不是巴结，而是以真本事为基石的衷心迎合。秦始皇需要这样的人才。从商鞅、司马错、韩非到李斯，法家人物似乎最具务实态度和变革精神。

分封导致分裂，所以秦始皇说，"天下共苦战斗不休，以有侯王"。秦国建朝 15 年而亡，最突出的政治遗产，就是为古代中国奠定了以郡县制为主，而允许郡县制与分封制并存的国家模式。

以三公九卿为核心的官僚制

秦始皇设置以三公九卿为核心的官僚制度，其谋略目的在于，既强化皇帝的绝对独裁地位，又保证国家的行政效率。在秦始皇之前，秦国的丞相权力很大，几乎包揽了行政、军事、监察、司法等各项大权，魏冉、吕不韦都是这样。

《韩非子》仔细讨论过大臣权力过重而威胁君主安全的道理，秦始皇读了他的书，肯定受到启发，所以他把相权一分为三，丞相管行政，太尉掌军事，御史大夫掌监察，三者独立，互不统属。虽然名义上御史大夫是丞相的副手，但权力很大，负责监察包括丞相在内的所有官员和百姓，地位基本上与丞相平等。后世把丞相、太尉、御史大夫称为三公。

三公以下，有所谓的九卿。他们分别是：

奉常，掌祭祀与礼仪。

宗正，掌皇室成员的各种事务。

太仆，掌皇帝车马及交通。

廷尉，掌国家司法工作。

少府，掌皇室收支与皇家用品制造。

郎中令，掌皇帝侍从及宫殿门户。

卫尉，掌宫门警卫。

典客，掌少数民族及外交事务。

治粟内史，掌国家财政与税收。

此外还设博士官，多达 70 人，便于皇帝随时咨询。

皇帝在第一层，三公在第二层，九卿在第三层，构成一个权力金字塔。

郡县也各有主事官吏。官吏的俸禄分别为万石、二千石、八百石、六百石、四百石、二百石、一百石不等。万石、二千石是高级官品，与三公九卿及郡守相应，仿佛今日的省部级以上。县令一般六百石。

整个社会可分为皇帝、官僚、百姓 (黔首) 三个等级。由于官吏掌握着各种特权，做官就成为古代中国最普遍的人生追求。

南方平定百越

初期南征百越受阻

公元前 221 年，秦始皇消灭六国，完成了统一中原的大业之后，就着手制定北讨匈奴、南征百越的战略。

越，泛指古中国东南沿海和岭南地区的各土著居民。他们以部落的形式散居于丘陵河谷之间，生活习性与中原不同，语言也不与中原相通，族属繁多，种姓各异，所以称为百越。春秋末期吴越争霸之际，越国崛起于东南，越名始为中原所知。百越之越是族名，越王勾践之越是国名。他们主要分布于我国长江以南至大海之间的华南丘陵地区。按照今天的地理划分，华南丘陵地带系指江南丘陵、浙闽丘陵和两广丘陵构成的广大山地，以武夷山、罗霄山、雪峰山、南岭、大瑶山、九万大山、十万大山为主体山脉。该地气候炎热，环境潮湿，丛林密布，水量丰沛，江河纵横，不便车马，而利舟船。

以地理为界，百越大致可分为五部：于越、东越、闽越、南越、西瓯。于越指吴越旧地的居民，以绍兴平原为活动中心。东越和闽越指武夷山以东、今日浙南与福建的土著居民，东越以温州为中心，闽越以福建为主要活动区域，有时两者又混同。此三越主要活动在浙闽丘陵，即武夷山丘陵及沿海地区。南越和西瓯则以南岭为界，与中原不相往来。南岭由五岭构成，从东往西分别为大庾岭、骑田岭、萌渚岭、都庞岭、越城岭。五岭以南，为南越。越城岭、都庞岭往西，为西瓯（含骆越）。南越、西瓯大致等于今日广东、广西两省。还有学者把西瓯所属的骆越，划分于今日越南境内。

以地理为界而严格区分于越、东越、闽越、南越、西瓯、骆越的所属关系，看起来整齐，但缺乏足够的证据。把百越直接分成三个部分，似乎要简洁一些：一是越国所在之越人，与中国交往频繁，一度还称霸中原，有学者称为于越；二是活动在武夷山丘陵的越人，主要集中于今日浙江南部和福建全省，分别称东越和闽越，有时可以互通，所以这里都称东越；三是活动在岭南的越人，以今日广东、广西两省为主，称南越（含西瓯）。

百越的历史贡献可谓巨大。百越所在的浙江余姚河姆渡，发现了7000年前的稻谷堆积，是稻谷的主要发源地。越人也制造了最早的船，先是独木舟，后是木板船。吴王夫差为了北上争霸，开运河沟通长江和淮河两大水系，所以越人又是京杭大运河的最早开凿者。

为了保持岭南的稳定，秦始皇命进军岭南的将士留守当地"屯戍"。另外，还从中原向岭南地区大批移民。留守的将士和移民，除少数与中原移民女子结婚外，其余多娶越女为妻。他们为岭南地区带来了先进的文化和农业、手工业技术，为岭南的发展做出了重大的贡献。秦平岭南的战争是秦始皇统一中国战争的重要组成部分。它在历史上第一次正式将岭南纳入了中国的版图，使越族正式成为中华民族大家庭的一员。它对促进汉越民族的融合及岭南社会政治、经济和文化的发展都起着不可忽视的作用。

秦始皇奠定了中国的基本版图，从吞并六国开始，加上北逐匈奴、南定百越两战，分三个阶段完成了统一事业。其中以吞灭六国最为巨伟，以南定百越最为艰难。

秦始皇二十五年（前222年），王翦灭楚，不仅征服越国故地，置会稽郡，也与南越发生军事接触。这部分越人，应该是岭北的越人，而不是岭南的。楚国所属的黔中、长沙、九江三郡，在长江以南、五岭以北，为楚人、越人杂处之地。王翦的任务是灭楚，当不会贸然深入五岭与南越作战。王翦所征的百越之君，是越国子孙及洞庭湖以南

周末秦初大变局

的越人，东越和南越不在其中。

秦始皇二十六年，六国虽然已经吞并，但南方的百越、北方的匈奴，都还没有统一。秦始皇在北部取守势，派蒙恬驻防北地郡，戒备匈奴，在南方取攻势，集中50万大军，兵分五路，齐并南下，欲一战而定两越。

具体部署是，以尉屠睢为统率，兵分五路，向南推进。一路在湖南靖县，二路在湖南宁远，三路在广州，四路在江西南康，五路在江西余干。一路由越城岭突进，二路从萌渚岭突进，分别借漓江、贺江之便，从北面、东面两个方向攻击进入广西。三路由骑田岭突进，四路由大庾岭突进，借连江、北江之便，从两个方向攻击进入广东，在广州会合（第四路也可能包含有阻隔东越向南越逃窜的目的）。五路在江西余干，由信江东去，经江西鹰潭进入武夷山脉，沿闽江直入闽越腹地，攻取福州。

简单说来，秦兵的攻击方向就是，一、二路合击西瓯，三、四路合取南越，五路直取闽越。

第五路进军似乎很顺利，没遇到什么困难。秦设闽中郡，估计就在这次军事胜利以后。南越、西瓯的战斗却很艰难。战斗初期，帝国兵团携战胜六国的军威，迅速猛插，很快夺得河谷平川等战略要地。西瓯、南越各部，在秦军的凌厉攻击之下，纷纷溃散，不得不撤离中心地带，退入两侧的山地丛林。他们没有服输，也没有退却，很快就组织起来，依托有利地形，以原始的游击战、麻雀战、扰袭战等形式，对敌人进行了顽强抗击，致使秦军3年不得解甲休息。双方的攻防一定很精彩，战斗也很艰难，谁都无法彻底战胜谁。

越人的抵抗意志如此坚强，这可能是秦始皇事先没有想到的，他所期待的速战速决没能实现。又因为粮草运转困难，速决战打成了持久战，由此转入艰苦的相持局面。于是秦人开始修建灵渠，好运送粮草，争取来日再战。秦始皇是一个意志坚定的人，绝不会因为三年攻不下来，就要放弃南征。

毫无疑问，南越明显受到中原文化的影响——墓葬发掘等考古资料已经充分证实了这一点，但由于地理阻隔的缘故，语言不与中原相通，政治传统和民俗习惯也与中原不同，并长期自立于中原文明之外。他们要殊死保卫家园，也在情理之中。虽然比秦军弱，但他们有自己的办法。秦军远道而来，后勤供应困难，他们就坚壁清野，同时日伏夜出，不断袭击秦军粮道。秦军饿着肚子，无法深入丛林追剿，一时间也无可奈何。

在此过程中，秦人想到了修建一条水渠，先解决粮草供应再说。他们已经占领五岭南北各战略要地，也有条件来考虑水渠问题。

于是，在秦始皇二十八年 (前 219 年)，秦人开始修建著名的灵渠，也是继都江堰、郑国渠之后，秦人修建的第三大水利工程。这时已经是南征百越的第三年，与《淮南子》说的 "三年不解甲弛弩，使监禄无以转饷，又以卒凿渠而通粮道，以与越人战" 相合。

在灵渠建造过程中，帝国军队与被占领者之间展开了更加激烈的较量。

西瓯的君长译吁宋——显然是一个音译词——被秦军杀死，越人退入丛林之中，朝夕与禽兽相处，也不肯屈服。他们推选出新的首领，坚持战斗。《淮南子》粗略地描述了当时的情形，说越人采用夜间偷袭战术，不断骚扰秦军驻地，大败秦军，杀了尉屠睢，伏尸流血数十万。秦兵有五十万，分驻西瓯、南越、闽越各地，西瓯越人如何能够靠夜间偷袭，让数十万敌人丧命？也许真实的情况是，在一次夜间偷袭战中，一小股越人武装闯入秦军总部，在混乱中杀死了尉屠睢。秦军折了统帅，群龙无首，又缺乏粮食，于是大溃逃，越人乘胜追击，"伏尸流血数十万"。即便如此，《淮南子》一书所说的 "五十万" 和 "数十万"，似乎都不可靠。这一部书，把南平百越和修长城，都说成是 "发卒五十万"。

秦始皇任命了新的统帅，以领导幸存下来的军队。灵渠还没有凿通，物资运转仍然困难，秦军对南越的战斗暂时取了守势，只等灵渠修通以后再说。

灵渠凿通，征服百越

秦始皇三十三年 (前 214 年)，经过数年等待，灵渠终于修通了。

鉴于先前的失败和帝国当前的兵力分布，秦始皇调整了部署，决定采用新的南征谋略，其主要内容就是"发谪戍以备之"，改变先前的单纯的军事主义，把军事占领、移民实边和文化渗透结合起来，以求长久、稳固地统治占领区。最初修灵渠，就是为了运输粮草，后来由于战事急剧变化，连尉屠睢都战死了，秦人开始深入思考南征问题，才想到军事占领与文化渗透相结合，武力占领以后，就移民实边，把中原的人口、物资和文化带过来，与南越人杂处，彻底同化南越。这样一来，灵渠的意义就大不一样了。2200 年后，中国大地上出现了一句口号"要想富，先修路"，与灵渠比较，道理似乎相通。

秦始皇把那些逃亡者、奴仆和小商人召集起来，组成一支杂牌军，准备再次南征。用杂牌军去打南越，秦始皇本人也不想那么做。按照原来的计划，可能是等灵渠凿通以后，先集中兵力，彻底征服南越，再挥师北上，打击匈奴。可是，因为一句谶语，他临时改变了决策，在上一年秋天就把主力部队都调到北边去了，现在不得不匆匆组建部队，用两个拳头同时打人。

但他并不担心。岭南的幸存者都是老战士，经验丰富，以老战士为骨干，以杂牌军为辅佐，不怕打不赢。以前担心部队攻击过快，后勤跟不上，现在不必担心了，由于灵渠的关系，中原的粮食可以源源不断地运送到广州、南宁来，甚至可以运到遥远的云南玉溪和越南境内，这是其他任何文明都无法比拟的内河水系。对比一下西汉人的夸张说法，就知道灵渠的伟大作用："使天下百姓飞刍挽粟，转运粮草，启程时装满三十钟，到达时仅剩一石，运送率只有百分之一 (有人说只有一百九十二分之一或二百四十分之一，疑莫能定)。"

尉屠睢失败之时，秦军虽然做了短暂的战略退却，但可以推知，一些主要的交通孔道，以及大江河谷、平川原野便利之处，大概都还

221

控制在秦军手中。山区丛林则是越人的游击区，那是他们的权利，也是他们的优势。两军就这么耗着，就看谁能坚持到最后。

灵渠凿通了，帝国军团的斗志和信心再次唤醒，他们知道自己在任何情况下都会有饭吃。因此勇敢向前，节节推进，逐一攻占越人的山寨，略取"陆梁地"，分置为桂林、象郡、南海三郡，大致与广西、广东两省相当，当然还有云南及越南的部分地区。

这个"陆梁地"，大概就是越人长期盘踞的山区丛林。灵渠修通以前，秦军后勤供应靠陆路运转，运输里程长，运送效率低，横穿五岭之时，还要处处提防越人的袭击。后勤没有保障，就无法远距离、大规模进军。于是，越人依托山区丛林以及惊人的耐力，"莫肯为秦虏"，对入侵者做了最顽强的抵抗，"陆梁地"因此而得名。

在军事占领的同时，秦始皇也开始移民实边。

秦始皇三十三年（前214年），略定陆梁地、分置三郡以后，政府谪遣一批囚徒来守南越，但数目不详。这批囚徒，加上原有驻军，还有那支杂牌军，总共有50万人，除少部分职业军人以外，都是犯了罪的百姓，所以大都在岭南定居下来。

秦始皇三十四年（前213年），又有一批人被遣送过来戍边。这一批人，成分特殊，是秦始皇的官场成员，因为渎职、贪污或别的罪名而被判刑，也遣送到南越来。他们当中也有一些人被遣送到北方修长城去了。如此看来，秦帝国的法律还是比较公正。因为这种法律上的平等主义，国家的行政效率显著提高，为秦国崛起、剪灭六国、开拓边疆做出了贡献。他们这些人，最大的特点就是会读书习字。

秦始皇三十五年（前212年），"益发谪徙边"。这一批人，成分不清楚，数量也不清楚，去向无外乎北边的长城和南边的瓯、越。

秦朝末年，天下纷乱，南越也割据自立。但到汉武帝时，由于政治和经济的原因，南越终于融入华夏，成为汉族的一部分，再也不能分开。

北方击退匈奴

驱逐匈奴，收复赵国故地

一、匈奴乃秦国边防之患

"匈奴"一词最早见于《史记·秦本纪》："韩、赵、魏、燕、齐帅匈奴共攻秦。"也就是公元前318年，公孙衍组织的五国攻秦。匈奴骑马善射，战斗力强，但没有完备的军事组织，虽然能对中国构成威胁，尚不能组织大规模的军事入侵。而中原各国正在忙于混战，也无心理会匈奴，秦、赵、燕三国都修筑边墙 (后来才叫长城)，向北及西北 (月氏、匈奴、东胡) 做保守防御。

从战国中期开始，在将近一百年的时间里，匈奴各部由零散而聚集，逐渐成为中国北方劲敌。他们是在中国忙于内战时强大起来的。

赵国最先感受其压力。因为有赵武灵王和李牧，匈奴才不敢过分南下。

在秦始皇扫荡六国之时，匈奴部落也出现了一位英雄，名字叫头曼单于 (单于的意思是像天一样广大的首领)。他率先统一匈奴各部，使匈奴成为与东胡、月氏齐名的草原民族。

从秦始皇十一年第一次伐赵算起，到秦始皇三十三年蒙恬出兵击匈奴止，在这22年里，头曼单于领导匈奴各部恢复至李牧之前的水平，骑兵不少于20万。蒙恬打败头曼单于，匈奴再次退到阴山以北 (赵武灵王第一次，李牧第二次，蒙恬第三次，汉武帝则取得更为巨大的成功)。

趁着敌人内乱，抓紧时间发展自己，只有高明的生存专家才能捕捉到这种良机。这就要求领导者深刻洞察形势变化，为众人指明方向。

赵武灵王向草原民族学习胡服骑射，向西、向北发展，设置云中郡、雁门郡、代郡，实际控有河套地区。秦国日益攻伐三晋，由蚕食而为鲸吞，秦、赵无暇顾及边备，匈奴开始越过阴山，止于黄河北岸。到秦国吞并赵国，全力攻取魏、燕、楚、齐四国时，边备趋于空虚。匈奴大胆渡过黄河，势力已达鄂尔多斯高原，还时常劫掠秦国边地。

秦始皇统一中国，咸阳正北设上郡、北地郡，而真正能控制的地区，大概是今日陕西榆林往北的一些地方。再往北的毛乌素沙地至黄河南岸的广大区域，只是在名义上属于秦国版图。更经常的时候，它是匈奴的游牧区和劫掠区，或者可以叫作两国的中间地带。而靠近黄河西北拐弯处的大片土地，当时叫河南地，是匈奴的实际控制区。这就是《史记·秦始皇本纪》说的"北据河为塞"的实际情况。直到蒙恬发兵 30 万北击匈奴，略取河南地之后，"北据河为塞"的边疆规划才成为事实。

这块中间地带的最南端距咸阳四五百公里，中间隔着陕北高原，基本上没有险峻隘口。以匈奴骑兵的脚程，不过 10 天，可以抵达城下，严重威胁咸阳及关中的安全。赵武灵王当年设想的直袭咸阳的大谋略，也在这个方向上。此时的匈奴，比起李牧时国力已经恢复，是中国最强劲的对手。

关中乃国家根本，竟然被匈奴威胁。如何巩固边防，保障帝国安全，消除悬在咸阳头上的隐患，成了新帝国的重大课题。

二、战争起因

秦始皇十八年 (前 229 年)，赵国灭亡，秦始皇去了邯郸，又经太原郡、上郡 (在陕西榆林南部) 返回咸阳。九年之后，也就是吞并六国的第 2 年，秦始皇巡视陇西郡、北地郡。这两次行走离边境还远，目的不是为了巡查边防，但多少了解到一些情况，对匈奴有一个认识。

秦始皇三十二年（前 216 年），秦始皇到碣石 (今河北秦皇岛市昌

黎县境内有碣石山，多数学者相信它就是秦始皇所去的碣石宫）观海，派燕人卢生入海寻找古仙人，然后沿北部边境，经右北平、渔阳、上谷、代郡、雁门、云中、上郡返回咸阳。

回来以后，帝国君臣对是否出兵匈奴展开了一场争论。跟秦始皇保持高度一致的李斯，这回也坚决反对出兵。

就在议而未决时，寻访神仙的卢生回来了。这个人貌似儒生，其实是一个文化骗子，一个方术之士，算不得正宗书生。他找不到神仙，一路盘算着，该如何回来交差。回到咸阳，听说朝廷在争论匈奴的事，灵机一动，想出一个鬼点子。他编造了一本有关神仙鬼怪的奇书，加入"亡秦者胡也"这句话，进呈给秦始皇。这就是《史记》写的："燕人卢生使入海还，以鬼神事，因奏录图书，曰'亡秦者胡也'。"

国家大事莫过于政权安危，李斯再不敢说话。于是，秦始皇派蒙恬发兵 30 万，北击胡，略取河南地。

卢生炮制出"亡秦者胡也"这个谶语，目的是让秦始皇把注意力转移到打击匈奴上去，而不再追究神仙事。卢生的谋略术只能算小巧。

像秦始皇这种发奋作为、自负刚毅的领导人，在对内外形势还保持着高度清醒判断的时候，绝不会迟到有人说"亡秦者胡也"，才对匈奴产生警觉，也不会在没有任何准备的情况下，就派出 30 万人马去打仗。北击匈奴、开拓边疆是一项壮举，如果真是从一个骗子开始，岂不是在侮辱秦始皇、李斯、蒙恬的伟大智慧？卢生是一个高明的骗子，他利用了人性的弱点与谶语的神秘形式，巧妙制造混乱，成功转移了秦始皇的视线。秦始皇一心想着远方，而忽视了眼前，英雄人物大都没能逃过此劫。

两大帝国在此遭遇，除了战斗，别无选择，这就是蒙恬北击匈奴的起因。卢生绝不是纵火犯，不过是在火种蔓延至油库时恶意地划燃了一根火柴。

三、战斗的经过

蒙恬出身将门世家，祖父和父亲都是秦国名将。先学狱法、文学，后从武。传说毛笔也是他发明的，堪称文武全才。

秦始皇二十六年（前222年），蒙恬因家世得为秦将，是一名青年将军，攻齐，大破之，有功，拜为内史，专力负责北部边防。秦始皇对北部边患有一个长远考虑，在兼并战争刚刚结束，就赋予蒙恬经营北部边防的使命。再过六年，六国故地基本稳定，秦始皇回转身来，准备收拾匈奴。

黄河是一个"几"字形，顶上一笔横穿河套。黄河南岸、"几"字形内的地域，当时叫河南地，纵横三四百公里，草原辽阔，苍茫无边，适合骑兵长途奔驰，而难以发挥车战优势。今天的河南地，出榆林而北望，黄沙青草起伏交错，绵延万里；再向北望，沙漠横亘，苍凉悲壮，行人至此，不觉泪下。千里草原不复存在，取而代之的，是广袤的毛乌素沙地和浩瀚的库布齐沙漠。黄河长卧于此，显得苍老而孤独。

头曼单于率领的匈奴骑兵多在黄河以北活动，河南地的匈奴部落分散而居，形不成战斗力，但他们有精良的骑乘技术，有无数骏马，如何压制其流动性，做彻底之打击，一战即胜，而不是四处追逐，这是对匈奴作战的谋略关键。

蒙恬经营边防六年，对匈奴多有了解，针对河南地的实际情况，设计了东西分进、南北包抄、断敌归路的大规模穿插、流动攻击战术。

秦始皇三十二年初秋，草原变黄，马儿肥壮，蒙恬率主力从今日陕西榆林出发，克服大兵团、多兵种协同作战的困难，于河套东部由南而北，迅速攻击至黄河岸边，截断敌人归路。另一部秦军从北地郡和陇西郡出发，由西而东，攻击河套南部。匈奴殊无准备，在南北两路秦军的包抄之下，损失大半，残部由西北渡河而去。秦军将匈奴部落扫荡净尽，完全收复河南地，在黄河南岸过冬。

来年春夏，秦军再度发起攻击。这一次的谋略目的是把匈奴全部逐出阴山地区，恢复赵国故地，使匈奴不得越阴山而牧马。蒙恬率主力渡过黄河，先打高阙（今内蒙古杭锦后旗，阴山山脉横贯内蒙中部，在此中断成谷，望之若阙，故叫高阙），再占狼山。另一部渡河西进，攻取贺兰山。西北方向的山地都控制在秦军手中，后路安全有了保障，

可放手与匈奴决战。

头曼单于一开始就落了后手，加上各部还没彻底统一，无法快速地大规模集结部队，在秦军的猛烈攻击下，节节败退。匈奴东有东胡，西有月氏，头曼单于迫于蒙恬的压力，东西又有强敌，只好撤出阴山，向北逃逸，奔回漠南。秦军顺势追击，尽复赵国故地。至此，阴山南北十余年不见匈奴踪迹。《史记》说蒙恬威震匈奴十余年，就是这么来的。

修筑长城，阻止匈奴南下

匈奴被驱逐后，如何建设永久性的国防保障，亦即秦始皇巩固边防的谋略，为北击匈奴的后续步骤。修筑长城，移民实边，二者为巩固边防谋略的主要内容，当然还包括修筑直道等配套工程。

有关秦长城的工程布局，专家说法不一，这里只能择其善者而从之。

从战国中期开始，中原兼并战争日益加剧，游牧民族南下侵扰也日益频繁。秦、赵、燕三国无法两面兼顾，于是各筑边墙，防备这些骑马的人。秦筑边墙始于秦惠文王，成于秦昭襄王，西起临洮 (今甘肃岷县)，越六盘山、宁夏固原、陕西环县、榆林、神木，一直向北延伸，在内蒙古十二连城乡与黄河南岸相接。赵国边墙始于赵武灵王，筑有阴山南北两道。燕国在秦开破东胡之后，也筑起一道边墙，西起内蒙古的化德与商都县之间，沿北纬 42°往东，经辽东而到达今日朝鲜清川江入海口，绵延 1600 公里。边墙，后来被称为长城。

秦始皇打算先服南越，再击北胡，蒙恬受命以后的职责是侦察敌情、修缮边墙、训练军队，为打击匈奴做准备。此时所修边墙，主要是秦国边墙，即使有新筑，也不多，与后来大规模修筑长城不同。秦始皇二十六年，秦朝疆土"北据河为塞"，应该是指秦国边墙北至黄河南岸而言，而不是以整个黄河为北部边界，当时的河南地还在匈奴手中。

　　秦始皇三十二年秋，蒙恬收复河南地，在黄河南岸过冬。来年春天，开始沿黄河内侧修筑工事，作为进退的凭据，也是秦朝大规模修筑长城的开端。这一段长城全长 1000 公里，西起临洮（今甘肃岷县），沿洮河与黄河相依，再凭黄河东岸向北发展，一直到达黄河"几"字形的顶端，在河套地区与赵国所筑阴山南长城相接，大都借助黄河的自然天堑，沿河筑 44 城，差不多 20 公里一城，加强河塞防御，即史书说的"城河上为塞"。主要修筑了 44 座城，估计还有若干烽燧，工程量似乎谈不上巨大。修这一段长城用了几年时间，现在无法知道。

　　秦始皇三十三年（前 215 年），蒙恬渡过黄河，将匈奴逐出阴山，占领整个河套，开始修筑第二段长城。这一段长城从高阙往西南延伸，直至与流沙相连，从遗迹看，已经到达宁夏北境。流沙就是今日巴丹吉林沙漠、腾格里沙漠、乌兰布和沙漠的总称，当时的面积应该没有现在这么大。这一段总长 400 公里，以亭障为主，很像今天的据点式工事，而不是绵延的墙体。障就是戍堡，有围墙，只驻军，不住民。城比障大，军民混住。亭就是瞭望哨，相当于岗亭，常与烽火台并用，大都设在高处，相隔十里。工程量似乎也谈不上巨大。高阙以东，主要是利用赵国的北长城，做了大量修复工作。这一段长城逶迤于群山之中，长约 500 公里，还有赵国南长城（长约 400 公里），匈奴占据数十年，破坏严重，即使修复，工程量也不小。

　　第三段长城就是赵长城与燕长城的连接段，从内蒙古卓资、集宁（乌兰察布）一带往东，穿过兴和县北端，在河北围场县北部，与燕长城相连。这一段长 400 余公里，为厚实边墙，当是蒙恬新筑。

　　秦始皇长城的东段，基本沿用燕国旧长城，蒙恬只做了若干修复。而燕长城的辽东段，即从辽宁阜新起，一直到朝鲜清川江入海口，似乎未加利用。考古发现证实，燕长城东段沿线出土的遗物，全是燕国与汉代特征，没有秦文化特征。换言之，蒙恬打败匈奴之后，威名远播，东胡不敢来骚扰中国，也没有力量来骚扰中国，所以辽东段长城就没有利用。

　　秦始皇长城的西段，可以黄河为界，分为内、外两道。

内长城在黄河内侧，以新筑 44 城加赵国南长城为主体，起自临洮，沿洮河与黄河相接，然后沿黄河内侧北上（即蒙恬收复河南地以后，沿黄河内侧修筑的部分），在今内蒙古乌拉特前旗穿出黄河，与赵国南长城相连，一直延长到呼和浩特以东。

外长城在黄河外侧，即蒙恬修筑的第二段长城，起自宁夏北境（也许起点就是贺兰山)，在黄河外侧穿过乌兰布和沙漠，走在狼山之巅，在高阙塞与赵国北长城相连，再依阴山而东，到达呼和浩特北部时，与内长城合龙，继续东去，就与蒙恬所筑的第三段长城连接起来，最终在河北围场县以北，与燕长城相连，构成一个整体。

一般认为，内、外两道长城与秦国原来所筑而经蒙恬修缮的旧长城一起，构成保卫关中的三道防线。但自内、外长城筑成之后，秦国旧长城已经失去价值，所以到汉武帝时就弃置不用了。因此，在说及秦始皇长城时，与其说西段有三道，不如说有外、内两道，也许更符合当时的情况。

不过，在西汉初年，冒顿单于建立匈奴帝国以后，他们再次南下，秦国旧长城还是发挥了作用。

今天能看到的秦始皇长城已经很少，而且都是名副其实的遗迹，比断壁残垣还断壁残垣。

简言之，秦始皇所修长城，名义上号称万里，其实是在充分利用赵、燕旧长城的基础上，适当增筑三段新墙，而构成一道绵延万里的新长城。增筑的三段新墙，其中 1000 公里以新筑 44 城及烽燧为主体（黄河内侧)，另 400 公里以亭障烽燧为主体（黄河外侧至流沙)，完整增筑的厚实新墙只有 400 公里（赵、燕旧城连接段)，三段加起来，总长约 1800 公里，与"万里"相去甚远。

移民实边，开发边疆与开筑道路，巩固边防

北击匈奴由四个子谋略构成：一是驱逐匈奴，收复赵国故地；二是修筑长城，阻止匈奴南下；三是移民实边，开发边疆；四是开筑道

路，方便运输，巩固边防。

前面已经讲述了北击匈奴谋略中的前两个谋略。下面讲述一下后两个谋略。

中国历史上无论哪一朝哪一代，都面临着边疆问题，统治者也都为巩固统治而制定边疆政策，展开边疆经略。边疆经略是历代王朝对边疆地区的开拓与经营。边疆政策是实施边疆经略的指导方针与具体措施，而治边思想则是制定边疆政策的重要前提之一。边疆政策的正确与否，边疆经略的成败得失，治边思想能否符合时代潮流，直接影响一个朝代的兴衰存亡，对于作为整体的统一多民族国家——中国的形成、发展也产生重大影响。

嬴政在击走匈奴后，命蒙恬主持修筑长城，增设亭障连接燕、赵、秦旧长城绵延数千里，另开筑直道，驻守重兵，移民实边以为北方屏障。同时大规模移民以充实边郡，对边地的开发和防卫起了积极的作用。

公元前221年，秦始皇统一全国，完成了中央集权制封建国家的统一大业，势力扩展到刘家峡地区境内。秦始皇在"因河为塞"的同时，实行"移民实边"，用"拜爵一级"鼓励平民向边疆迁徙，以开发新建各县。从此，从中原各地向西北所占领的地区移来众多人口，与西羌各族杂居。秦始皇"移民实边"这一创举，为历代王朝所沿用，对后世的影响深远，对开发边疆起了积极的作用。

据《史记·秦始皇本纪》记载，公元前215年，秦始皇出巡北边，从上郡回到咸阳后，就派大将蒙恬率30万大军北击匈奴，占领河套以南广大地区，并在阴山之下设九原郡（九原郡治所就在今内蒙古包头市西南、巴彦淖尔市乌拉特前旗三顶帐房古城）建44县，使原来匈奴的南境，归入秦的有效统治范围。为了对这里进行农业开发，秦始皇强力推行移民实边政策。如公元前214年，向榆中（今陕西榆林县附近）大规模移民一次；公元前211年又"徙北河、榆中三万家，拜爵一级"。另据《华阳国志·蜀志》记载："临邛西南二百里，本有邛氏，秦始皇徙上郡实之。"这三次大规模从内地移民到上郡和九原郡，汉族

军民带去了中原先进的农业生产技术和进步的生产工具如铁铲、铁犁、铁劈土及"代田法""耦耕"和沟渠的开凿等，使上郡、九原郡的游牧旧地变成了良田。由于这里的农业灌区得到开发，与关中平原和成都平原形成南北三大灌区，所以农作物的新品种糜子很快享誉全国。两千年前秦代的百科全书《吕氏春秋》就记载着河套的"阳山之穄"和"玄人之禾""不周之粟"一样是当时闻名遐迩的"饭之美者"（见《吕氏春秋集释》中国书店1985年版卷十四《本味》）。

匈奴虽然被打败，北撤700余里，但其实力并未遭受根本损失，只是人、畜、部落北徙而已，一旦有机可乘，随时可卷土重来。鉴于匈奴民族这一迁徙转移和出没无常的特点，为了巩固北部边防，秦始皇在战后又采取了以下一系列设防措施：

第一，继续派驻重兵屯戍边防。击退匈奴之后，蒙恬所率30万大军并没有撤归或减少，而是仍然屯戍北边，一方面准备匈奴来犯时再战，同时继续执行修筑长城和开筑直道的任务。这支部队与秦王朝相始终，为巩固秦代边防做出了巨大的贡献，直到秦末农民大起义爆发，迫于形势的危急，秦二世才把这支部队的主力调走。

第二，设置郡县，徙民实边。河南地区不仅气候温润，富于水草，利于游牧和农耕，而且北据黄河，是屏蔽关中的要地，具有重大的战略意义。秦始皇决心把这片土地开发起来，以增强北部边防的实力基础。

第三，大修城、塞、亭、障，进一步强化边防。击退匈奴以后，秦始皇下令增设两条边防线：一条是沿河因险修筑城塞，据河依城塞为守，以利更好地屏蔽河南和关中。另一条是在高阙、阳山、北假一带，也就是沿整个阴山山脉重新扩筑赵武灵王所建的北长城，用以掩护沿黄河所建的各城塞。这样，使秦代的北部边防向北推移七百余里，关中地区的安全得到了较为充分的保障。

第四，开筑直道，进一步便利北部边防的军事交通。九原郡设立后，河南地区成为抗击匈奴的前进基地，加强九原同秦都咸阳之间的军事、政治、经济联系具有重大的战略意义。原来的驰道西通北地、陇西，北通上郡、云中，对于控制河南地区颇有迂远不便之处。因此，秦始皇三十五年（前212年）下令开筑一条从首都咸阳附近的云阳（今陕西淳化西北）直达九原的直道。这条道路全长当时为1800里，有了这条道路，一旦边防报警，秦军的战略机动部队即可从咸阳直赴九原郡。再加上修筑在西南边疆的"五尺道"，以及在今湖南、江西、广东、广西之间修筑的"新道"，就构成了以咸阳为中心的四通八达的道路网，并设有供传递政府文书的人中途休息、更换马匹的驿站。同时秦又规定车轮的间距为6尺，便利交通往来，促进了当时各地经济、文化交流，也有利于政令的通达、军队的调遣，以维护国家的统一。

综观秦始皇北击匈奴的战争，主要是一场为了巩固北部边防、建设北部边防的作战。真正用于作战的时间很短，前后不到两年。作战经过也比较简单，几乎没有发生大规模激烈的恶战。战略目标十分明确而有限，即收复河南，驱逐匈奴到阴山以北，解除北方边患，保卫关中和中原的安全。但是，在作战前后，为了建设北部边防所用的时间、人力、物力、财力等，都远远超过了作战本身的消耗，几乎是不惜一切代价！秦始皇之所以苦心经营北部边防，其根本战略指导思想不是在于进攻，而是在于防御；不是要征服或消灭匈奴，而是要确保秦王朝的安全、统一和发展。这些情况表明，北击匈奴具有鲜明的积极防御的性质和特点，它确实在秦代起到了巩固边防的作用，同时也部分地起到了开拓边疆的作用。